男の子が生まれるママ 女の子が生まれるママ

「産み分け」を考えたら読む本

池川クリニック院長・医学博士
池川 明

フォレスト出版

はじめに

男の子でも女の子でも、赤ちゃんはかわいいものです。

それでも、希望する性の赤ちゃんを授かる方法があるなら、試してみたいという声もあります。**「男の子がほしいな」「女の子だといいな」と、生まれてくる子に夢を描くことは、人として自然な思いです。**

少子化といわれて久しく、ひとりの女性が生涯にもつ子どもの数は、1人か2人というケースが増えてきました。

こんどの妊娠が、最後の子になるかもしれない――。

そういう事情もあって、もし男の子か女の子か、好きなように産み分けできるなら、ハウツーを知りたいというかたもいるでしょう。

これまでは、産み分けというと、「跡取りのために、男の子がほしい」というご夫婦が多かったのですが、最近では、女の子を希望するかたも、増えてきました。

女の子は男の子に比べて育てやすく、おとなになっても何かと頼りになる、と考えられるようです。跡継ぎという切実な問題が減ったかわりに、

「男の子のほうがやんちゃでかわいい」

「女の子におしゃれをさせたい」

という軽い感覚で、産み分けにトライするご夫婦も、増えているようです。


昔から、産み分けは世界各地でおこなわれてきました。**おまじないのようなものもあれば、それなりに根拠がある方法も見られます。**

近年では、生殖医療の知見が深まるにつれて、科学的にも有効と思われる産み分け法が確立されてきました。

この本では、それらハウツーのいくつかをご紹介しましょう。

もっとも、お断わりしなくてはならないのは、産み分けには、いまのところ100パーセント確実な方法はない、ということです。

いのちを授かることじたい、そもそも人知の及ばない、神秘的な領域です。そして、人はすべてをコントロールすることはできず、いつも神秘の世界と隣りあわせに生きていることを、私たちはいつも、心にとめておきたいと思います。

いのちを授かることには大きな責任がともない、子育ては予想外の出来事の連続です。希望どおりの性の子が生まれたら、それはとてもうれしいことです。ただし、性別は、子どものたくさんの属性のひとつでしかありません。

その後の子育ての日々では、想像しなかったことが次々と起きて、「こんなはずじゃなかった」と思うこともあるでしょう。

希望する性の赤ちゃんを得て、かわいがりたいという気持ちが、子どもをペットのように考えていないか、産み分けにトライする前に、ちょっぴり振り返ってみてもいいかもしれません。

私は産科医として、たくさんの妊娠やお産にかかわってきました。

また、子どもたちへの聞きとり調査から、胎内記憶（お母さんのおなかにいたときの記憶）のふしぎな世界をかいま見てきました。

そんな中で、私は考えるようになりました。――母と子には、たましいのつながりがある。そして、子どもは「つくる」ものではなく「授かる」ものなのだ、と。

ですから、この本では、産み分けのハウツーそのものというより、幸せな子育てをサポートすることを、根底のテーマにしたいと思います。

そのために、この本では、子どもたちが語る「生まれる前の記憶」や、それらのストーリーから見えてくる世界観についても、ご紹介しましょう。

「産み分け」というテーマをきっかけに、赤ちゃんを授かるとはどういうことか、深く考える機会になるといいな、と願います。

また、あなたご自身が、性別を含め、あなた自身として生まれてきたことの意味を感じるきっかけになれば、とてもうれしく思います。

そしてもし、あなたが赤ちゃんを望むなら、いつの日かとびきりの笑顔で、わが子を腕に抱っこできますように。

池川明

生まれる前の記憶

人はいつ、人としての意識をもつようになるのでしょうか。

そのヒントになるのが、**「生まれる前の記憶」**です。

「胎内記憶」（胎児としての記憶）、「誕生記憶」（産道から外に出る前後の記憶）は、決してめずらしいものではありません。小さい子どもにアンケートすると、3割くらいの子にそのような記憶があります。

子どもたちの「記憶」は、シンプルなものがほとんどです。

たとえば、おなかの中は、

「あたたかかった」「泳いでいた」「キックして遊んだ」「ママの声が聞こえた」

外に出るときは、

「狭かった」「くるんと回って出た」

誕生してから、お外は、

「まぶしかった」「寒かった」

とはいえ、なかには、びっくりするほど詳しい記憶を語る子もいます。

私が知る中で、もっとも詳しく覚えている男の子には、**精子だったとき、受精、着床して、胎児となったとき、誕生したときの記憶**があります。

その子は、3歳ごろから「生まれる前のこと」を語りはじめ、もっとも詳しく話したのは7歳ごろで、その後はしだいに忘れていきました。

それでも、9歳のときにテレビの取材に対してこんなふうに証言しています。

――生まれる前は、目に見えない玉みたいなかたちで、星のない宇宙のようなところを、ぴょんぴょんはねて遊んでいた。うれしくも悲しくもない気持ち。

そこから、いつのまにかイトミミズみたいなのになって、それはものすごくたくさんいて、肩とかにバシバシあたる。ぼくは、数え切れないほどいっぱいあるうちのひとつ。レースしているみたいに、泳いで走っている。それで、ぼくが1

位になったみたいな感じ。

そうしたら、この卵になった。他のイトミミズはどこに行っちゃったのか、ぼくは知らない。

そしてある日とつぜん、体がどんどん増えはじめた。1日1日すごいいきおいで増えていく。ぼくはそのままでよかったのに、**おなかが分かれてきた。**

最初はめだかのような、ぶたの赤ちゃんがまるまったみたいで、まぶたがやたらぶあつい。そのうち、**まぶたがちょっとずつ大きくなるときに、まぶたの皮が薄くなってくる。**最初はまっ暗だけれど、そのあとちょっとずつ、目は開かなくても光のようなものが見えてくる。

はじめは手とかはほとんどなくて、手首はあっても、指とかははっきりない感じ。手や足が出てくるときは、毎日ちょっとずつ生えてくる。髪の毛が生えるみたいに、勝手に生えてくる。**手も、最初のうちは短いし、生えていない感じだけど、そのあとに人のかたちができて、手や足ができてきて、赤ちゃんのかたちに**

なってきた。

指ができたら、よく手や足の指をこすって遊んだり、くるくるちゅうがえりして遊んだ。髪の毛がちょっと生えてきたときは指とか爪はもう完全に生えていた。イトミミズや黒いつぶつぶのときはないけれど、ぶたの赤ちゃんのときから、ホースができてくる。

おなかの中は赤紫のつぼのようなところで、**ザーザーと何かが流れる音とドクドクと音がしている。**中はぶよぶよで、なまぬるい水が入ってる。ぼくはまるまっていて、ママのおなかとおへそから出ている線でつながっている。

体がいちばん大きくなったときに、とつぜんママのおなかが動き出して、押し出された。おなかの外に出るときは、しゅーっと吸い込まれていく。

出口がこのくらいの大きさになったとき、ふしぎのトンネルに入っていった。ふしぎのトンネルはかってに動いてぼくを押し出す。トンネルの中はすじすじがいっぱいで、これが肩にひっかかって時間がかかる。ちょっときつくて苦しい。

最初は押し出してくれたのに、最後は自分の力で出ないといけないのがたいへんだった。どんどんきつくなっていって、**前から見ると掃除機のホースみたいで、赤紫色**。自分でがんばってはい出ようとしたのだけど、肩のへんとか足のへんとかが、ゴムで締めつけられた感じがする。息はぜんぜん苦しくない。

出口近くになると、まくが薄くなって、外がすけて見える感じ。そんなに痛くはないし、苦しくもなくて、ただ出にくいだけだった。

頭が出はじめたら、目がだいぶ開くようになって、外に出たら完全に目が開いた。泣きたくもないのに自然に体が泣きはじめて、そしたら目つぶっちゃった。

（9歳、男の子）

この証言には、一般にはあまり知られていない医学的な事実まで、描写されています。

たとえば、「おなかが分かれてきた」というのは、発生学の教科書どおりの解説です。まぶたの皮が、はじめは厚くてしだいに薄くなっていくこと、指があとからできること、へその緒の形成、子宮の中で聞こえるお母さんの心音など、すべてが正確です。

「ぶたの赤ちゃん」というたとえは、日本では用いられませんが、チベット医学の聖典といわれる『四部医典』においては、胎児をそのように呼んでいます。

また、この子は、産道を「掃除機のホースの中みたい」と描写していますが、内側から産道を見ると、そんなふうに湾曲して見えるはずです。

このように詳細な記憶をもつ子はまれです。それでも、この証言からは、**おなかの赤ちゃんは、かなり敏感に世界を感じとっている**ことが推測できます。

妊娠がわかったら、赤ちゃんの気持ちをたいせつに、マタニティライフを過ごしていただけたら幸いです。

男の子が生まれるママ
女の子が生まれるママ 目次

第2章

「産み分け」にトライしてみよう

第3章

「産み分け」Q&A

第4章

男の子で生まれる？ 女の子で生まれる？

第1章

「産み分け」のキホン

妊娠のプロセスを理解しよう

産み分けを実践する前に、妊娠のプロセスを理解しましょう。
妊娠には、大きく4つのプロセスがあります。

1 排卵

女性の卵巣には、原始卵胞という小さな卵子があります。原始卵胞は、その女性がお母さんのおなかの中にいるころから、卵巣の中に準備されています。女の子の胎児の卵巣にある原始卵胞は、700万個前後といわれますが、これは年齢とともに減少していきます。

出生時では70〜200万個、思春期初めには40万個くらいまで減ったところで、

排卵が起こるしくみ

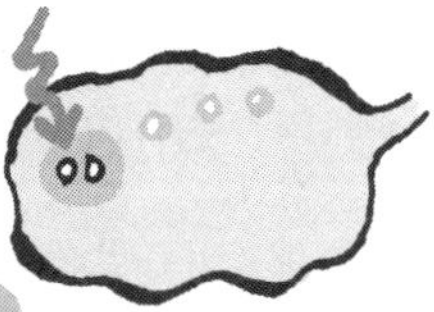

①原始卵胞が成長

月経の終盤に、卵胞刺激ホルモンの影響を受け、原始卵胞が成長

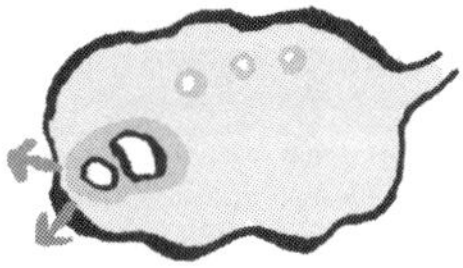

②主席卵胞が2センチに

エストロゲンは卵胞から分泌されるが、主席卵胞が2センチ程度になると分泌が最大となる

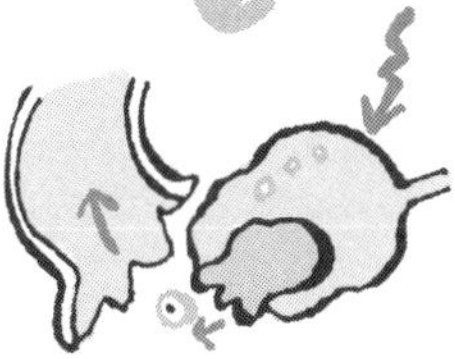

③排卵

LHサージ（82ページ）が起き、卵巣から卵子が飛び出すと、卵子は卵管采《らんかんさい》に吸い込まれる

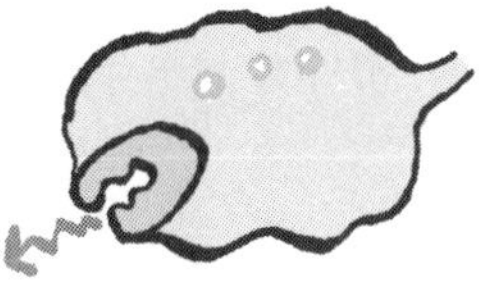

④黄体化

卵胞の膜は、排卵後は黄体となり、プロゲステロンを分泌。子宮内膜を着床しやすいように変化させる

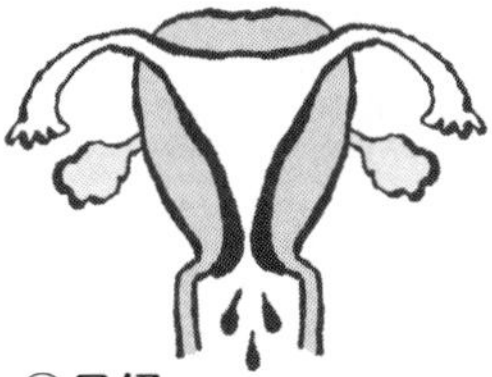

⑤月経

排卵から２週間たっても受精しなければ、子宮内膜の血液がはがれ落ち、月経がはじまる

排卵が始まります。人間の一生では約500個くらいの卵子が排卵します。

原始卵胞は、卵巣内で成長し、ほぼ1か月に1回排出されて、卵子になります。これを排卵といいます。卵子は人体の中でもっとも大きな細胞で、0・1ミリもあります。

排卵された卵子は、卵管に運ばれて、卵管膨大部にとどまり、約24時間のあいだ、精子を待ちます。

排卵しても、なんらかの理由で受精しなかった場合は、次の月経の経血とともに、卵子も体外へ排出されます。

卵子の記憶

「お母さんが赤ちゃんのときから、私はおなかにいたよ。とても小さかったから、お母さんは、気づかなかったでしょ」

このようなイメージを語るお子さんは、何人もいます。

原始卵胞は、お母さんが胎児のころから存在しますから、これは**原始卵胞の記憶かもしれません。**

ある女性は、催眠療法をしたとき、「自分が卵子だったときのこと」を思い出したといいます。

「私は人だかりが苦手で、人が押し寄せてくるような状況を、とても恐ろしく感じていました。催眠療法をしたとき、ふしぎなイメージがよみがえりました。卵子だったとき、精子がたくさん押し寄せてきて怖くなった、という感覚です」

と、彼女は語っています。

2 射精

精子は人体の細胞の中でもっとも小さく、約300分の1ミリしかありません。睾丸《こうがん》の中で製造された精子は、副睾丸で成熟します。

成熟した精子は、精管を通って放出され、これを射精と呼びます。

精液は、1回に2〜4cc放出されます。個人差や体調による変化はありますが、**1回に放出される精液の中には、だいたい4000万〜9億個の精子が含まれています。**

射精は腟においておこなわれますが、腟の中は、雑菌の侵入を防ぐために、ふつうは酸性を示しています。

これは、精子にとっても過酷な状況です。そのため、射精後しばらくすると、精液は凝集して、精子をまもるはたらきをします。さらに30分ほどあとに、精液は液

射精が起こるしくみ

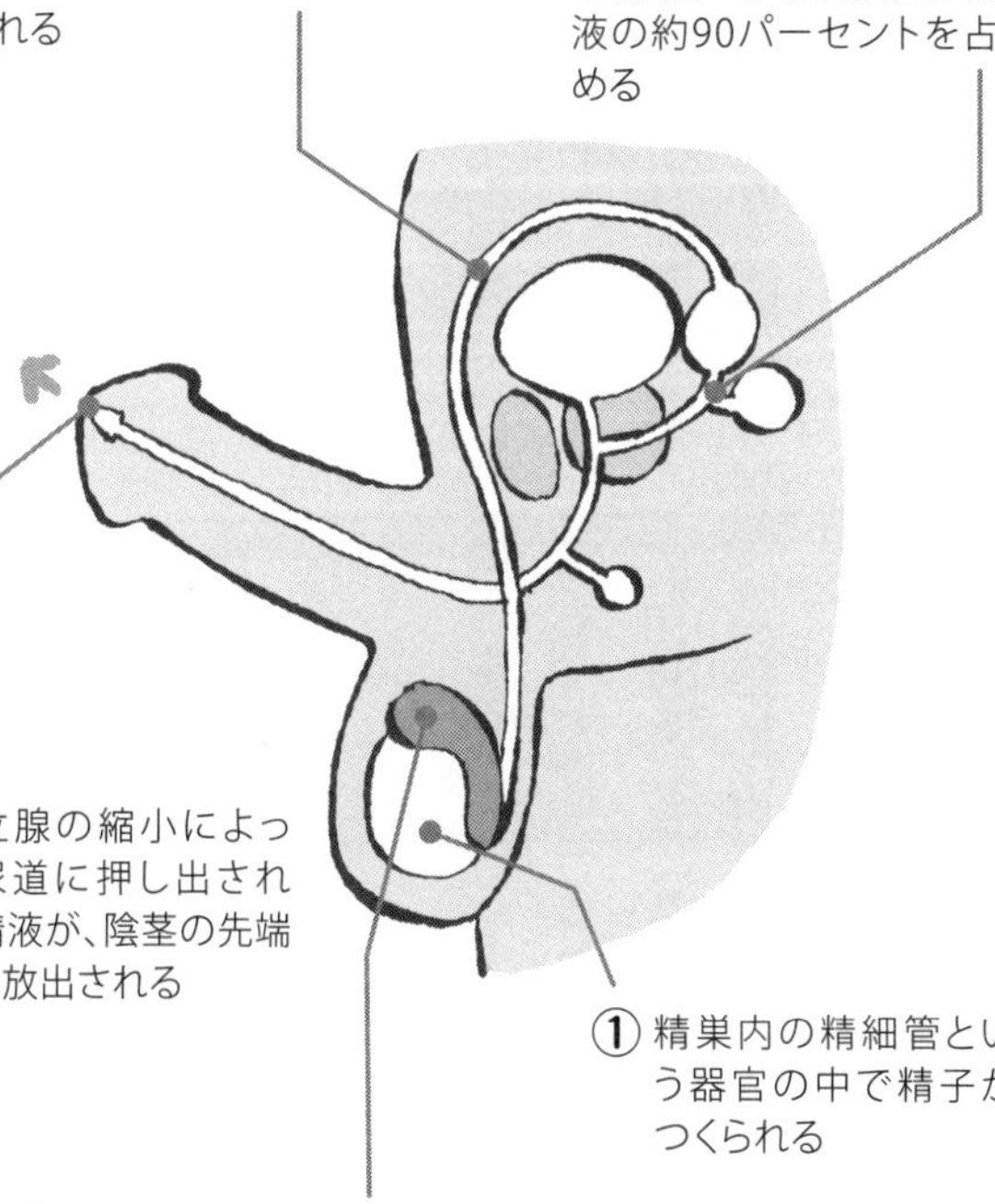
①精巣内の精細管という器官の中で精子がつくられる
②精巣内の精巣網、精巣輸出管を通って、精巣上体に精子が溜っていく
③精巣上体が満タンになると、精管、精管膨大部にも精子が保存される
④性的興奮を感じると、精嚢でつくられた精漿《せいしょう》が精管に分泌され、精子と混ざって精液になる。精漿は精液の約90パーセントを占める
⑤前立腺の縮小によって尿道に押し出された精液が、陰茎の先端から放出される

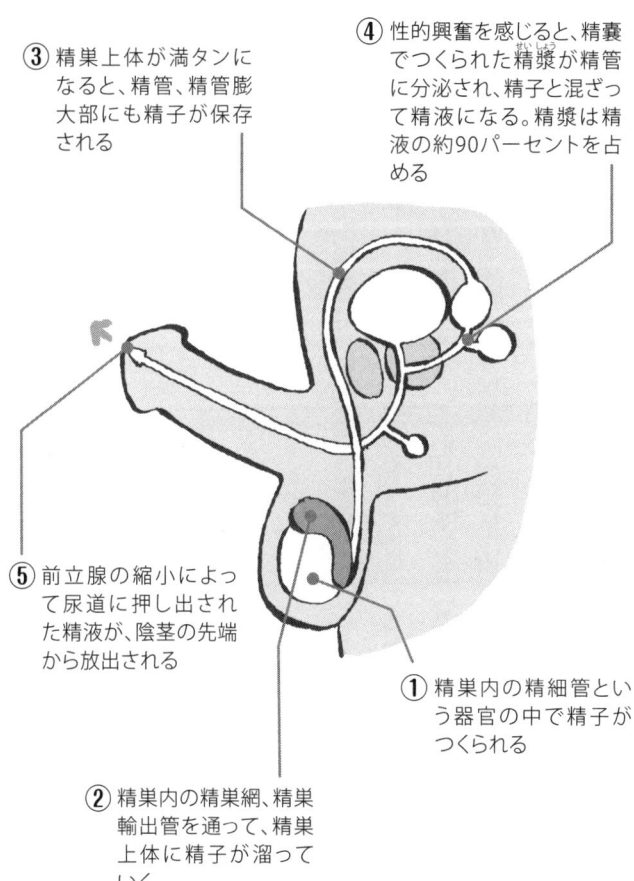

化して精子はかたまりから解き放たれ、活発に活動を始めます。

精子は、子宮、卵管を通って、卵管膨大部に排卵される卵子をめざして泳いでいきます。精子が進むスピードは、1分間に約5ミリ、卵子に到達するまでの距離は、約18センチほどです。

精子の記憶

精子だったときを覚えている、という子もいます。

「私が、タネだったときね。ぬるぬるしていて、気持ちわるかった。ある日、ぬるぬるしてないな、と思って(周りを)見たら、おちんちんの入り口の近くにいたの。おちんちんの入り口って、口にみたいに、パカッと開いているでしょ。その近くでのんびりしていたら、急に動いて、すうーっとして、気がついたらママのおなかにいたの。私、タネだったのに卵になっちゃったの!」

(7歳、女の子)

この女の子は、お母さんに「(みんながタネだったのではなく、最初は)タマゴの子もいるよ。タネもタマゴも、ぜんぶ卵になるの」と、説明したそうです。

3 受精

卵子のすぐそばまでたどり着ける精子は、ごく少数です。

興味深いことに、精子もすべてが卵子に向かって泳いでいくわけではなく、自分を犠牲にして他の精子を卵子に向かわせる役割をもつ精子もあります。

ようやく卵子にたどり着いた精子は、酵素を出して卵子の透明帯を溶かし、内部に侵入します。こうして、**数億個のうちたった1個の卵子が、たった1個の精子と受精を果たす**のです。

受精の記憶

ある男性は、このように語っています。

「ぼくには、精子のときの記憶がある。たくさんの仲間と競争していて、大きな玉（卵子）にいちばんでたどり着いた。でも、他の仲間はみんな死んでしまった。だからその仲間のぶんまで、ぼくは生きていかなければならない」

人が生まれる前には、その人をかたちづくる精子に受精という大役をゆずり、応援してくれた精子があります。なかには、**受精して生まれたいと思っていたのに、願いがかなわなかった精子もあるかもしれません。**

生まれたというだけで、人はみんな強運のもちぬしです。生まれたことそのものが、かけがえのない貴重なことなのです。

妊娠のプロセス

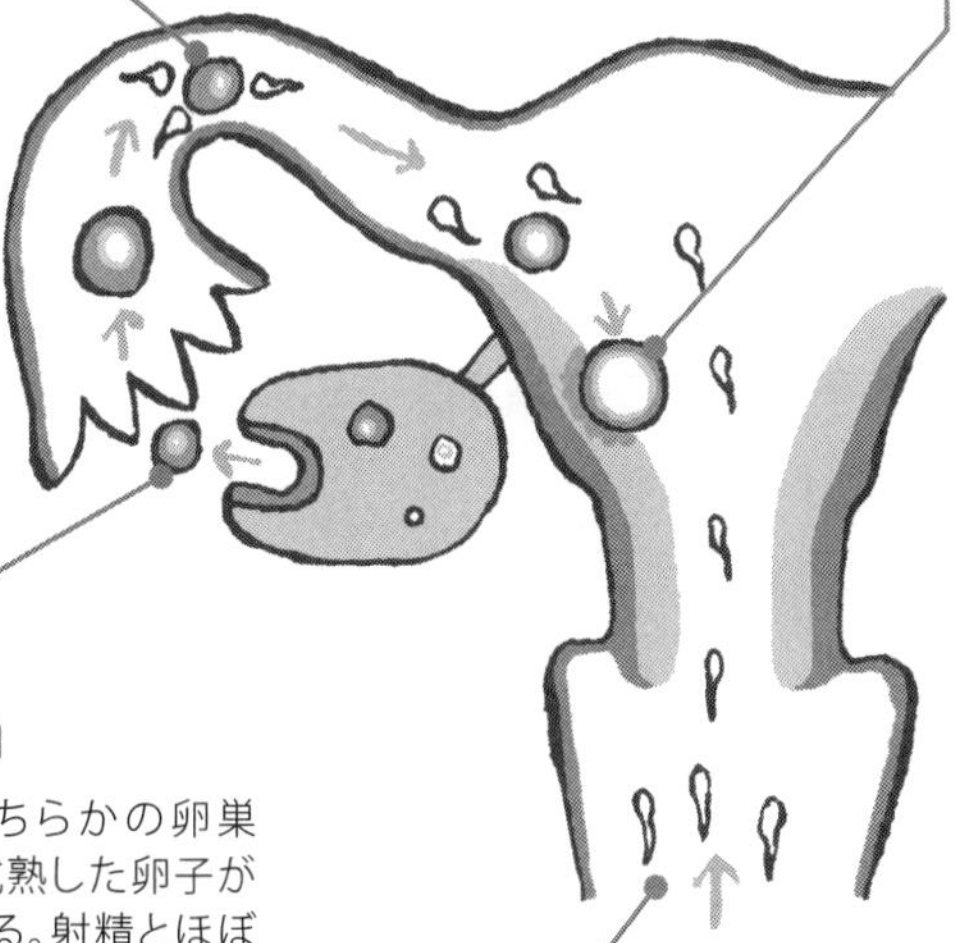
③受精
卵管膨大部と呼ばれる場所で、卵子と精子が出会う
④着床
受精卵は細胞分裂しながら子宮をめざし、子宮内膜に着床する。着床してはじめて妊娠となる
②排卵
左右どちらかの卵巣から、成熟した卵子が排卵する。射精とほぼ同時か、その前に排卵すると受精しやすい
①射精
性行為時、腟内に放出された精子が卵子をめざして卵管へ進む

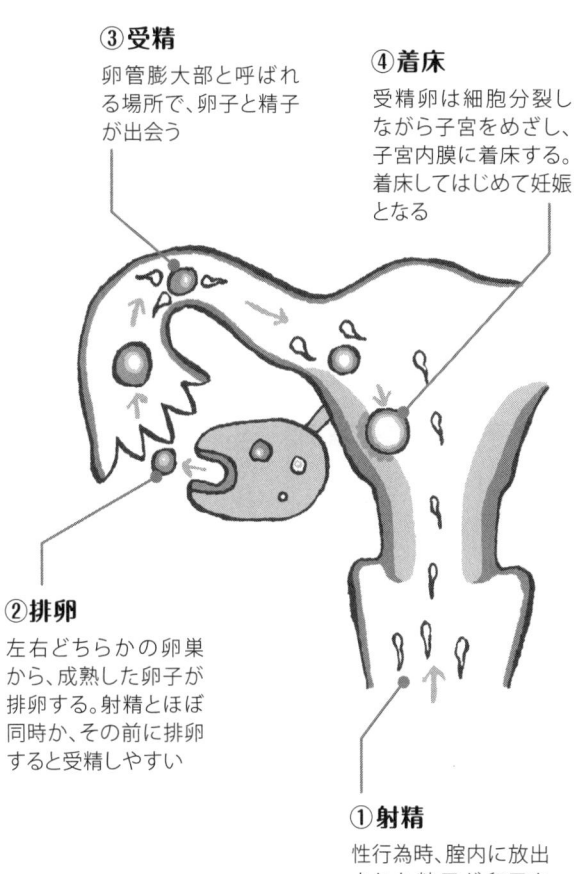

4 着床

受精が成立すると、卵子は受精卵となり、細胞分裂を繰り返しながら、卵管膨大部から子宮に向かって進みます。

4、5日かけて子宮にたどり着くと、さらに数日かけて、子宮内膜にくっつき、根を生やします。これを着床といいます。

着床が無事におこなわれてはじめて、妊娠が成立します。

着床の記憶

一般には、「記憶」は脳のはたらきと考えられています。ただし、人間の記憶のメカニズムには、まだ解明されていない面がたくさんあります。「生まれる前の記憶」も、いちがいにファンタジーとはいえません。子どもが知るはずのない事実を知っている場合もあります。

そういった現象を説明する仮説のひとつとして、脳がかたちづくられる前から、細胞そのものに記憶が蓄積される、という学説もあります。

もし、細胞に記憶があるなら、卵子や精子のころの「記憶」が残っていても、ふしぎではありません。

特に、受精と着床の記憶は、細胞に深く刻まれる可能性があります。なぜなら、受精と着床は、細胞にとってきわめて大きなドラマだからです。

たとえば、受精卵は着床するまで、お母さんの免疫系から異物とみなされて、激しい攻撃を受けます。受精卵は、子宮内膜に飲みこまれそうになったり、たくさんの白血球に襲われたりする戦いにうち勝ってようやく、着床することができます。

人間の喜び、苦しみ、怖れ、葛藤《かっとう》など、もっとも深いところにある感覚は、受精や着床をどう体験したかに、その根っこがあるのかもしれません。

たとえば、環境の変化に前向きに対処できる人もいれば、すぐに大きな不安に駆られる人もいます。

そのような性格は、育った環境、もしくは「生まれつき」と説明されています。「生まれつき」という理由のおおもとには、もしかしたら、子宮壁への着床がどのようにおこなわれたかという体験が、原点にあるのかもしれません。

性別が決まるしくみ

かつては、生まれてくる子どもの性別は、女性側にその原因があると考えられていました。そこで、女の子ばかり生まれる女性は「女腹」と呼ばれ、「跡取りが生めないのは、嫁が悪い」と責められた女性が、たくさんいました。

しかし、科学の発展により、生まれてくる子どもの性別は、女性側の卵子にはまったく関係がないことが証明されました。

性別を決めるのは、卵子ではなく、男性側の精子です。

人間は、細胞の中に、ふたつ1組の染色体を23組ずつもっています。染色体は、ひとつは母親から、ひとつは父親から受け継いでいます。

23組の染色体のうち、22組までは常染色体と呼ばれ、対となる2本は、大きさもかたちも同じです。

ところが、23組目は性染色体と呼ばれ、X染色体、Y染色体という、2種類の染色体が存在しています。

性染色体が、X染色体とY染色体の組み合わせだと、性別は「男」になります。X染色体とX染色体の組み合わせだと、性別は「女」になるのです。

〈染色体の組み合わせ〉

卵子と精子は、それぞれ染色体を23本ずつもっています。

女性の卵細胞（卵子）には、常染色体が22本と、性染色体としては、X染色体が1本あります。

いっぽう、男性の精子には、2種類あります。

・常染色体が22本と、性染色体として、X染色体を1本もつもの（X精子）
・常染色体が22本と、性染色体として、Y染色体を1本もつもの（Y精子）

性別を決める23組目の性染色体

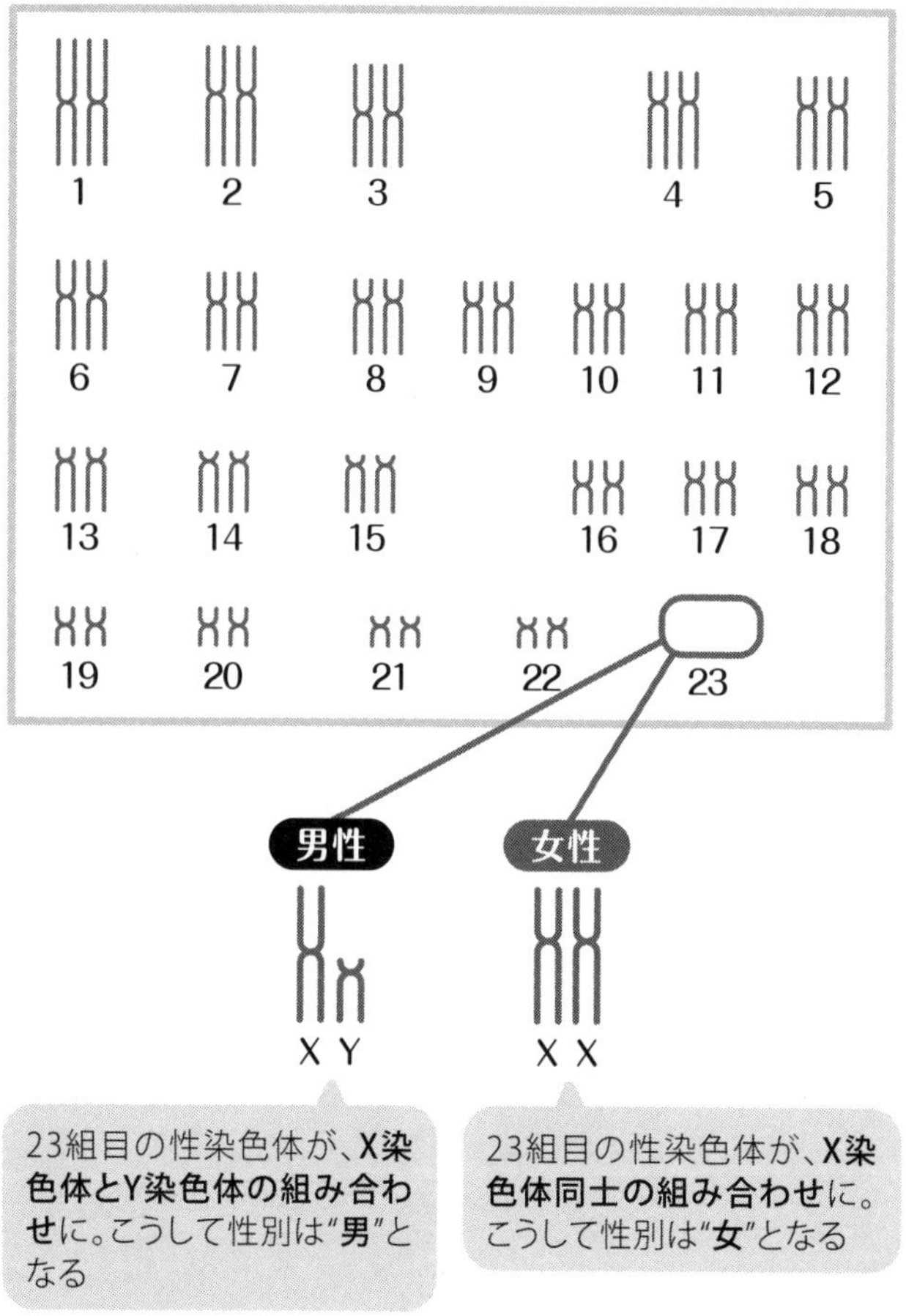

卵子の性染色体は、Xの1種類だけですから、赤ちゃんの性別は、Y精子とX精子の2種類のうち、どちらの精子が受精するかによって決まります。

受精のとき、卵子のX染色体に、Y精子のY染色体が組み合わさると、受精卵はXYになり、男の子が生まれます。

X精子のX染色体が組み合わさると、受精卵はXXになって、女の子が生まれます。

そこで、産み分けにおいては、X精子またはY精子の特徴をふまえて、選択的に受精させることが基本になります。

性を決めるホルモンのシャワー

男の子と女の子の体の違いは、おなかの中にいるときにつくられはじめます。これを「性分化」と呼びます。

性差を決めるうえで、大きな影響をもたらすのが、**「アンドロゲン・シャワー」と呼ばれる、ホルモンの分泌**です。

赤ちゃんが男の子の場合は、妊娠6週から24週にかけてアンドロゲンというホルモンが大量に分泌され、睾丸などの男性器がつくられていきます。

赤ちゃんの原型は、女の子の姿をしていて、アンドロゲンが分泌されないときは性分化が進まず、そのまま女の子として成長します。

アンドロゲンは、お母さんにも影響を与えます。

「男の子がおなかにいると、お母さんの顔つきが少しきつくなる」と言われますが、これはあながち俗説とはいえません。

アンドロゲンが大量に分泌されると、お母さんにも影響が及びます。顔立ちが少し変わることはありうるでしょう。

アンドロゲンは、赤ちゃんの脳の発育にも影響を及ぼします。

子どもの性格や行動パターンは個人差が大きく、「男の子らしさ」「女の子らしさ」という表現は、いちがいに当てはまるとはいえません。それでも、子どもたちを観察すると、大ざっぱに「男の子の傾向」「女の子の傾向」というものはあるものです。

これは、いわゆる「男性の脳」「女性の脳」と言われる、脳の性差によって生じています。

そして、脳の性差は、胎児期に浴びるアンドロゲンによって、ほぼ決まることがわかっています。

男女の脳の器質上の違いとしては、脳梁《のうりょう》の太さがあげられます。

脳の構造は、大きく右半球と左半球に分けることができます。

右半球は右脳と呼ばれ、イメージの記憶、直感、空間認識などを、つかさどります。左半球は左脳と呼ばれ、言語の認識、推理、計算、論理的思考などを、つかさどります。

右脳と左脳は、完全に分離しているのではなく、ふたつの脳をつなぐ脳梁と呼ばれる部分があります。

男性の脳は、女性に比べて、脳梁が細いという特徴があります。この脳梁の太さが、「男性の傾向」「女性の傾向」をつくりだしているのです。

たとえば、男性は理詰めで考えるのが好きで、「1＋1＝2」という発想が得意なことが多いものです。

いっぽう、女性の脳は、脳梁が太いため、左右の脳を多くの情報が行き来します。

そこで、イメージの力が強くなり、表現力が豊かになるいっぽう、感情の起伏が激しくなるのです。

もっとも、性分化がどのように進むかは、ホルモンの分泌量やそのプロセスによって、大きな違いがあります。

子どもの性格を、「男の子らしさ」「女の子らしさ」でくくることができず、個人差が大きいのは、そこに原因のひとつがあります。

産み分けにトライする前に

産み分けにトライする前に、気をつけるべきことをあげておきます。

1　「どんな子でも愛情と責任をもって育てる」という決意をもつ

産み分けをしても、希望する性の赤ちゃんが生まれる確率は、100パーセントではありません。科学的に立証されている産み分け法を、専門医の指導のもと実践しても、必ず成功するとはかぎりません。

最近のデータによると、男の子を希望した人で約80〜90パーセント、女の子を希望した人で約70〜80パーセントの確率です。

産み分けのセックスには、いくつかの決まりがありますが、現実はすべて計画どおりにいくわけではないでしょう。
また、ご夫婦の組み合わせによっては、体質のために、どうしてもどちらかの性ばかり妊娠しやすいケースもあるかもしれません。

産み分けにトライして生まれた赤ちゃんは、**もし望んだ性でなかったとしても、たいせつなわが子**です。

たとえ産み分けに失敗しても、ご夫婦が互いに相手のせいだと責めるようなことがあってはなりません。

ご夫婦で話し合い、どちらの性であっても愛情と責任をもって生み、育てることを確認しましょう。その決意と自信があってこそ、産み分けにトライすることができるのです。

2 産み分けについて、夫婦で合意する

産み分けするには、夫婦の合意と協力が不可欠です。

産み分けにトライすると、セックスのタイミング、方法、禁欲や避妊について、いくつかの制限が出てきます。

また、**産み分けすると、半分の精子の受精を妨げることになりますから、妊娠の確率は下がります**。そのため、赤ちゃんを授かるまでかなりの期間がかかることも、めずらしくありません。

制限のある性生活が、いつまで続くかわからないことに、ストレスを感じるかたもいます。どちらかいっぽうの気持ちだけで、産み分けを実践するのは、現実的にはなかなか難しいのです。

ご夫婦の気持ちがそろわないまま産み分けしようとすると、その後の夫婦仲に影響が出てしまうかもしれません。

お互いの気持ちを率直に話し合い、納得のうえで、産み分けにトライしましょう。

③ 規則正しい排卵をめざす

産み分けの基本は、排卵日を知ることにあります。排卵リズムを正常にするため、健康的な生活を心がけましょう。

排卵リズムを崩す原因には、次のことがあげられます。

＊睡眠不足
＊極端なダイエット
＊ストレス
＊体調不良

排卵リズムが崩れていても、検査薬をつかったり、クリニックで精密検査をしたりするなら、排卵日をある程度特定することはできます。

ただし、産み分けをおこなうには、なるべく正確に排卵日を知る必要があり、そのためには排卵リズムが一定であることがいちばん有効なのです。

また、排卵が乱れるということは、体調が安定していないという意味でもあります。

妊娠はゴールではなく、お産のあとは、子育ての長い日々が続きます。長期的な人生計画のためにも、体調をととのえておくことはたいせつです。

まずは、ごく基本的なこととして、食生活や睡眠をととのえ、ストレスを減らし、規則的な排卵をめざしてください。

4 元気な精子をつくる

精子は、つくられてから排出されるまで、2、3か月かかります。つまり、**セックスの2、3か月前からの生活が、精子の質に影響を及ぼす**と考えられます。

元気な精子をつくるうえでのマイナス要因としては、次のことがあげられます。

＊喫煙
＊お酒の飲みすぎ
＊ストレス
＊不規則な生活
＊不健康な食生活

たばこは生殖器官の血流を妨げるので、できれば禁煙しましょう。お酒は飲みすぎると勃起《ぼっき》障害を起こすことがあります。

なお、セックス当日の体調は、精液の排出量にかかわることがあります。

妊娠を目的とするセックスを考えるなら、男性も、日ごろから健康的な暮らしを送るように心がけてください。

どちらの性でも受け入れて

胎内記憶を調べていると、おなかの赤ちゃんが、お母さんや周りの人たちの感情を敏感に読みとっているケースが見られます。

お母さんが幸せな気持ちでマタニティライフを送っていると、

「おなかの中は、あたたかかった。楽しかった」

と語る子が増えます。

反面、ストレスの多いマタニティライフだと、

「おなかの中はさみしかった。早く出たかった」

と語る子もいます。

ある女の赤ちゃんは、だれに対しても愛想がよく、にこにこ笑いかけるのに、おじいちゃんにだけは笑顔を見せませんでした。

お母さんによると、おじいちゃんはその子が生まれる前、エコー検査で女の子

とわかったとき、おなかに向かって「なんだ、女か」と言ったそうです。

おじいちゃんは、それほど深く考えず、そう言葉にしたのかもしれません。けれど、赤ちゃんはそのなにげない一言を受けとめて、深く傷ついたのではないでしょうか。

かつては、

「妊娠中は、男がいい、女がいいと、口に出してはいけない」

と、お互いをいましめる風潮がありました。

昔の人は、おなかの赤ちゃんにも感情があることを知っていたのでしょう。「自分は親の望む体をしていない」と感じて、赤ちゃんの心が傷つくのを防ごうとしたのではないでしょうか。

もちろん、赤ちゃんにも個性があり、繊細な子もいれば、大らかな子もいます。周りがどう考えようと、なんと言おうと、それほど気にしない子もいるかもしれません。

ただし、赤ちゃんがどんな性格をしているか、周りのおとなには、生まれてみるまでなかなかわからないものです。

基本的には、なるべく、**生まれる前から自分を否定されるような感覚は、体験させないほうが望ましい**でしょう。

「男の子がいいな」「女の子がほしいな」という気持ちは、ごく自然なことで、それじたいわるいことではありません。

それでも、妊娠がわかったら、赤ちゃんの性別を気にしすぎたり、口に出して述べたりするのは、控えたほうがよいでしょう。

いのちを授かったことそのものを喜び、その思いを、おなかの赤ちゃんに伝えるようにしてください。

産み分けの決め手は精子

赤ちゃんの性別は、X精子とY精子のどちらが受精するかによって決まります。

現代の産み分けは、精子の性質を利用して受精をコントロールする方法が主流になっています。では、それぞれの精子の特徴を見てみましょう。

〈X精子（女の子が生まれる精子）の特徴〉

・酸性の環境においても比較的強く、活発に動くことができる
・Y精子より寿命が長い
・Y精子より数が少ない
・Y精子より泳ぐ速度が遅い
・Y精子より少し重い

男の子になるY精子、女の子になるX精子

Y精子

・太く短く生きる
・脚も速い
・仲間もいっぱい

酸性に弱い

X精子

・おっとり優雅な性格
・脚は遅いけど、
長生きできる
・お友だちは少ない

アルカリ性に弱い

〈Y精子（男の子が生まれる精子）の特徴〉

・アルカリ性の環境においては、X精子より活発に動く
・X精子より寿命が短い
・X精子より数が多い
・X精子より泳ぐ速度が速い
・X精子より少し軽い

Y精子の数が、X精子より多いのは、膣の状態に理由があります。射精された精子は、膣の中を泳いで奥に進んでいきます。そして、膣は、外部に接している器官なので、雑菌の侵入を防ぐために、いつも強い酸性の粘液でおおわれています。Y精子は、酸性という環境に弱く、活発に動くことができません。

そこで、**Y精子の数をX精子の数より多くして、卵子と結合できるチャンスが等しくなるように、バランスをとっている**のです。

卵子に到達するまで

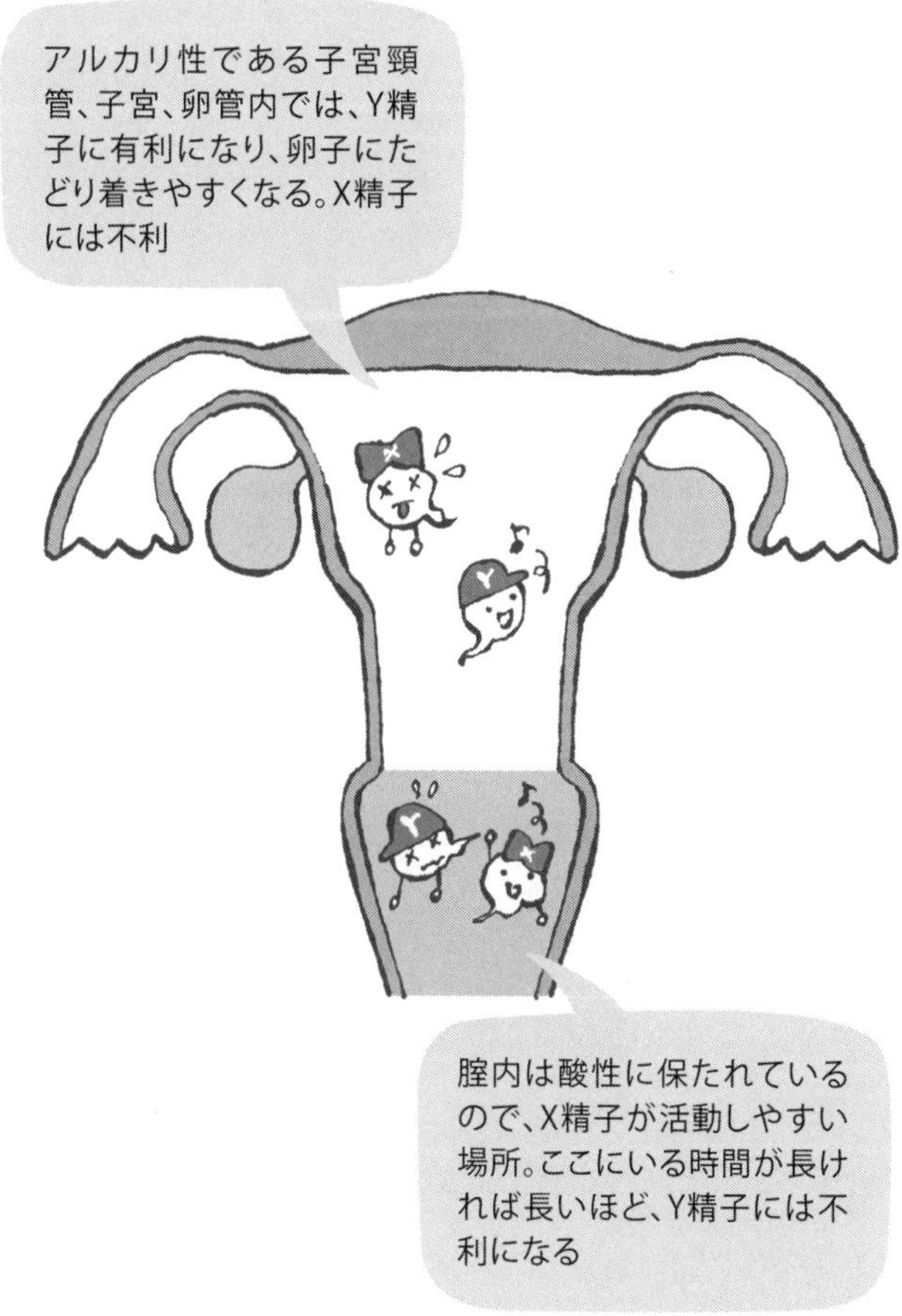
アルカリ性である子宮頸管、子宮、卵管内では、Y精子に有利になり、卵子にたどり着きやすくなる。X精子には不利
膣内は酸性に保たれているので、X精子が活動しやすい場所。ここにいる時間が長ければ長いほど、Y精子には不利になる

なお、腟内部からさらに奥の、子宮頸管《けいかん》や子宮内部は、アルカリ性という特徴があります。奥までたどり着けたY精子は、アルカリ性の環境の中では、X精子に比べて、速いスピードで泳ぎ、有利になります。

ところが、卵管膨大部にたどり着いても、すぐに受精がおこなわれるとはかぎりません。排卵がまだで、卵子の到着を待たなくてはならないこともあります。

そんなとき、Y精子はX精子よりも寿命が短いため、受精を待たずに死んでしまう確率が高くなります。いっぽう、X精子の寿命はY精子よりも長いため、生きのびて受精するチャンスは大きくなります。

こういった複雑な条件をふまえて、女の子と男の子が生まれる確率を、ほぼ五分五分にするため、X精子とY精子は、絶妙な比率でつくられています（厳密には、男の子のほうが女の子よりやや多く生まれます。これは、男の子は女の子に比べて体が弱く、生きのびる確率がやや低いためです）。

まさに、自然の摂理のふしぎとしかいいようがありません。

「産み分け」の基本 1
――膣のｐＨ値を調整する

産み分けの重要なポイントとして、**膣のｐＨ値を、希望する精子に有利なように調整する**ことがあります。

膣は、雑菌が入り込むのを防ぐために、つねに酸性の粘液でおおわれています。膣の酸性度が強いと、酸性でも比較的強いＸ精子に有利になりますし、酸性度が低いと、動きの活発なＹ精子が有利です。

膣のｐＨ値は、次の条件によって変動します。

1 排卵日のサイクル

膣の奥にある子宮頸管の周りには、子宮頸管粘液と呼ばれる粘液が分泌されています。

この粘液は、排卵日から遠い時期はかなりかたく、酸性に傾き、精子や雑菌の侵入を防いでいます。

排卵日が近づくと、頸管粘液は水分を含んでサラサラになり、強いアルカリ性に変化します。

そして、その頸管粘液が膣に流れこむにつれて、膣の酸性度はだんだん中和されていき、排卵日には、膣の酸性度はもっとも弱くなります。

これは、精子が運動しやすい環境をととのえて、精子を導きいれ、受胎をおこなうための、自然のしくみです。


精子の寿命は2~3日で、前述したとおり、X精子のほうがY精子より、わずかに寿命が長いという特徴があります。また、卵子の寿命は24時間です。

つまり、**妊娠できるのは、排卵日前3日から排卵後1日の、5日程度**ということになります。

排卵日のサイクル

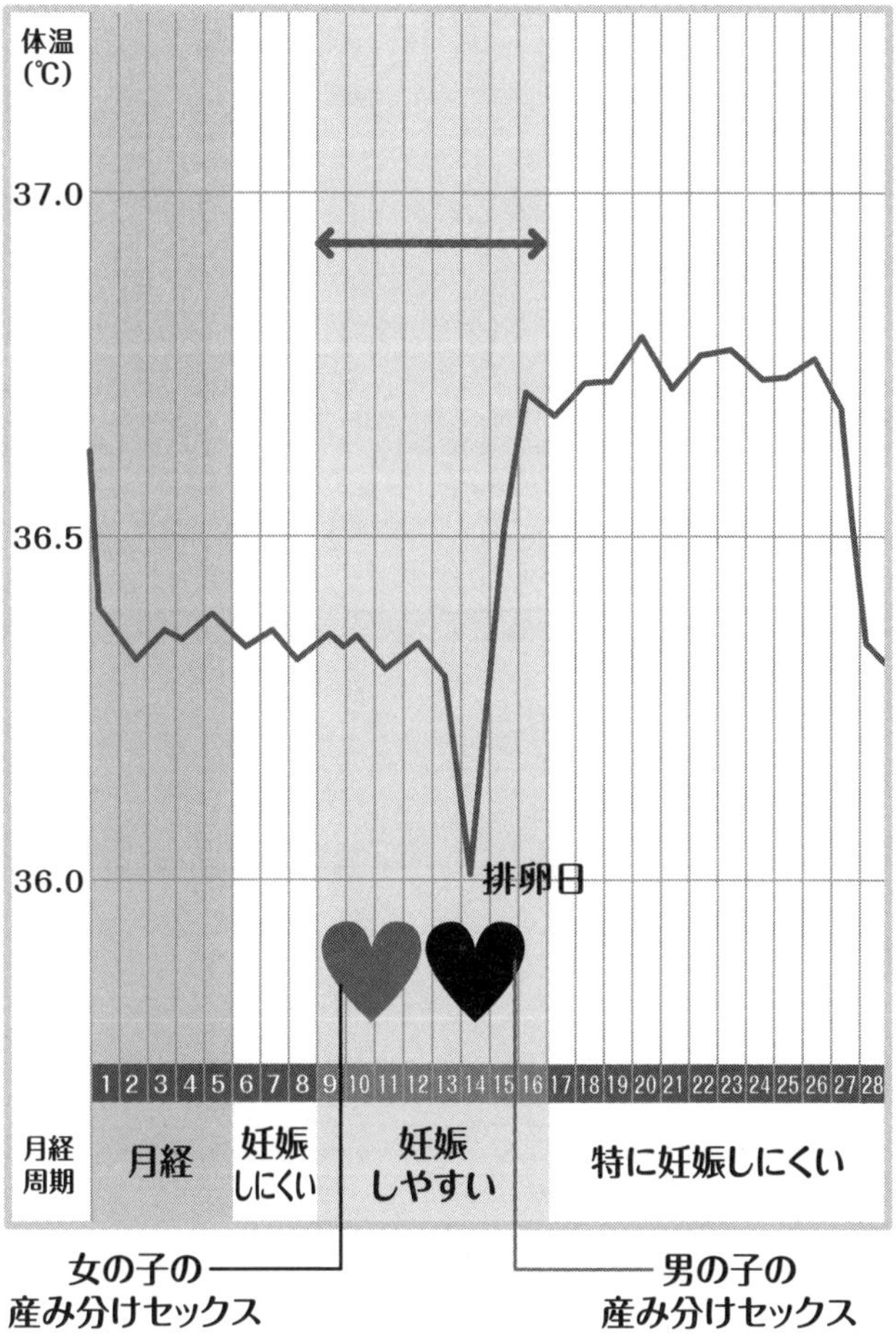
体温 (℃)
37.0
36.5
36.0
排卵日
1 2 3 4 5 6 7 8 9 10 11 12 13 14 15 16 17 18 19 20 21 22 23 24 25 26 27 28
月経周期
月経
妊娠しにくい
妊娠しやすい
特に妊娠しにくい
女の子の産み分けセックス
男の子の産み分けセックス

産み分けでは、このわずかな期間の、膣のｐＨ値の変化を利用します。

——女の子がほしい場合

膣内の酸性度が高く、Ｘ精子に有利な、**排卵日の2日前にセックス**をします。それ以降1週間は禁欲、あるいは避妊をします。これは、排卵日が近づいて、膣の酸性度が低くなってきたとき、Ｙ精子が受精しないようにするためです。

——男の子がほしい場合

膣内の酸性度が低くなり、Ｙ精子に有利な、**排卵日当日にセックス**します。その後は、妊娠の可能性がなくなる時期まで、避妊します。これは、排卵日を過ぎて膣内の酸性度が高まるとき、Ｘ精子が受精しないようにするためです。

2 オルガスムス

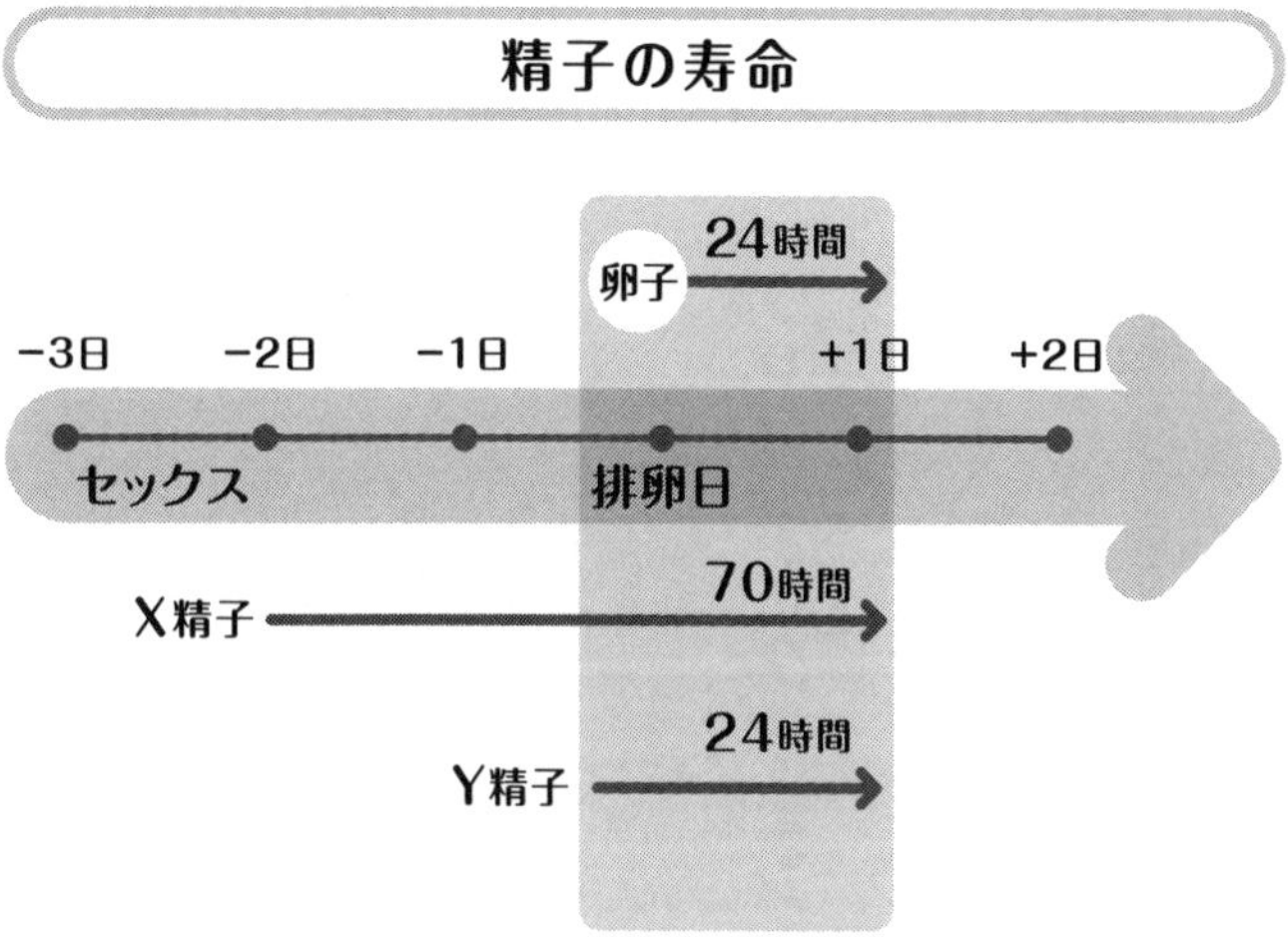

セックスを楽しんでいるカップル、濃厚なセックスをするカップルには男の子が生まれる、という噂があります。俗説のようでもありますが、まったく根拠のないものでもありません。

というのは、**女性がセックスによって快感をおぼえて、オルガスムスに達すると、子宮頸管から強いアルカリ性の頸管粘液が分泌される**からです。

膣内が酸性からアルカリ性に傾くと、X精子に比べて酸性の環境には弱いものの、アルカリ性の環境において活発に活動するY精子が受精に有利になります。

——女の子がほしい場合

あっさりしたセックスで、腟を酸性に保ちます。そのために女性がオルガスムスを感じる前に射精すると、X精子（女の子の精子）が生き残りやすくなります。

——男の子がほしい場合

濃厚なセックスで、腟がアルカリ性に傾くと、Y精子（男の子の精子）が生き残りやすくなります。女性がオルガスムスをなるべく感じてから、射精します。

3 ピンクゼリーとグリーンゼリー

腟内の酸性度を人為的にコントロールする、産み分け用のゼリーもあります。

女の子を妊娠するには、腟内で酸性の環境を保つはたらきのある、ピンクゼリーをつかいます。

男の子を妊娠するには、膣内の環境をアルカリ性に変えるはたらきをもつ、グリーンゼリーをつかいます。

このゼリーはイギリスで開発され、ビネガーやベーキングパウダーなどの食品を原料としています。

人体にまったく害がなく、副作用の心配もありません。

セックスによる激しい運動を繰り返しても、化学変化を起こす可能性もないので、安心してつかうことができます。

――女の子がほしい場合

ピンクゼリーをつかいます。ハローベビーガール潤滑ゼリーという商品もあります。

――男の子がほしい場合

グリーンゼリーをつかいます。ハローベビーボーイ潤滑ゼリーという商品もあります。

ゼリーは、SS研究会（産み分け研究をしている産婦人科医の組織）に加入している指導医のもとで、入手できます。また、「生み分けネット」（https://www.umiwake.jp/）の通信販売から、購入することもできます。

男の子を希望する場合は、グリーンゼリーと合わせて、**リンカル（リン酸カルシウム）という栄養補助食品の服用がすすめられています。**リンカルは、グリーンゼリーを処方するクリニックで購入することができます（詳しくは112ページ）。

ストレスと産み分け

ストレスは、ホルモンの分泌に大きな影響を及ぼします。

第2次世界大戦中、激しい空爆のあったときに妊娠していたドイツのお母さんからは、性同一性障がいの男の子が多く生まれた、という報告があります。

これは、妊娠中の女性に大きなストレスがかかったため、男の子らしさをつくりだすアンドロゲンの分泌が抑えられたから、と考えられています。

なお、ホルモンの分泌は、性分化だけでなく、受精卵の着床にも影響を及ぼしているようです。

たとえば、強いストレスにさらされているときは、コルチゾールというホルモンが多く分泌されます。

アメリカ生殖医学会の報告によると、**妊娠前、コルチゾールの血中濃度が高い女性は、女の子を授かる確率が明らかに高い**、とされています。

「大事件や事故のあとでは、女の子が生まれやすくなる」という報告もあります。ストレスが強いときは、Y精子の受精と着床が妨げられるのかもしれません。

近年では、2001年9月11日の米国同時多発テロのあとは、ニューヨークで男の子の誕生が急激に減った、といわれています。

「産み分け」の基本 2
——精子の数や比率を調整する

精液の中の精子の数や比率をコントロールすることによって、希望する精子が受精する確率を上げることができます。

1 禁欲 ——X精子、Y精子の数を調整する

一定量の精液において、X精子とY精子の数は、1対1の割合ではありません。Y精子には、酸性の環境に弱く、寿命が短いという特徴があります。その弱点を補い、男の子と女の子がほぼ同数で生まれるようにするため、**一定量の精液においては、Y精子のほうがX精子よりも多く含まれるようになっています。**

なお、精液中に精子が増えれば増えるほど、Y精子の占める割合が増え、X精子

との差は広がっていきます。

つまり、精子が多く含まれる精液ほど、Y精子の比率が高くなり、精子が少ない精液ほど、Y精子の比率は低くなるのです。

精液中の精子の数は、射精の回数、健康状態、ストレスなどによって大きく変わります。

なかでも、大きく影響を及ぼすのが、**射精の回数**です。

射精の回数が多ければ、1回に放出される精子の数は減り、射精の回数が少なければ、精子の数は増えます。

したがって、**ひんぱんに射精して精液を薄めると、X精子が受精する確率、すなわち女の子が生まれる確率が高くなります**。

禁欲が長く、精液を濃くしておくと、Y精子の比率が増えるので、男の子が生まれる確率が高くなります。

特に、男性が25歳をすぎている場合は、禁欲によってY精子の数が増える傾向が、顕著になります。

精子は、精巣でつくられ、蓄えられます。若いころは、精子はつねにつくられつづけますが、25歳をすぎると、精巣上体に精子がたまった時点で、精子の生産はストップするようになります。

そして、貯蔵された精子の中で、老化して運動能力が低下した精子のぶんだけ、新しい精子を補充するのですが、このとき優先的に補充されるのがY精子です。

そのため、男性が高齢であるほど、禁欲する期間が長くなると、精液におけるY精子の比率が高まるのです。

――女の子がほしい場合

月経が終わってから妊娠を目的とする**セックスの2日前までに、少なくとも2回は射精**します。

精子の数を調整するセックスは、必ず避妊します。ただし、精子の数が少なすぎると、妊娠そのものが成立しなくなるので、注意が必要です。

精子が貯蔵されるしくみ

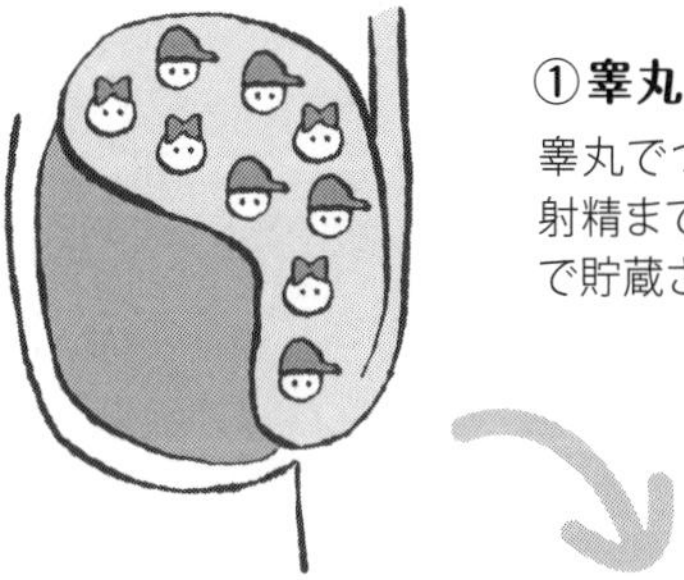

①睾丸で貯蔵

睾丸でつくられた精子は、射精までのあいだ、副睾丸で貯蔵される

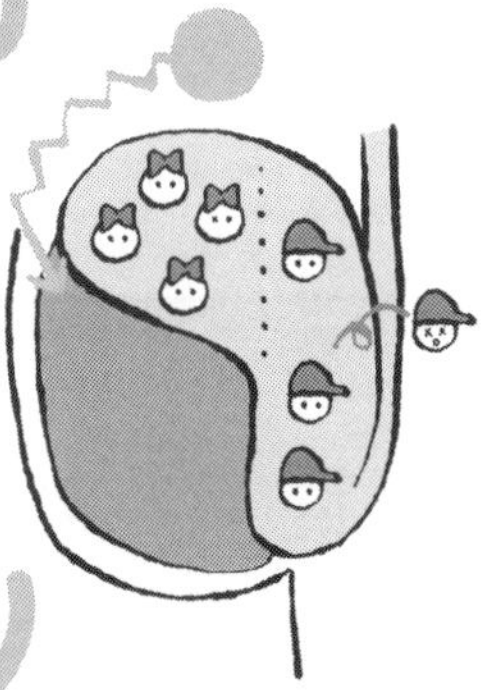

②Y精子が減る

睾丸内の精子が満タンになると、精子製造を中止する信号が脳から発信される。この時点で、寿命の短い精子は、受精能力を失っていく

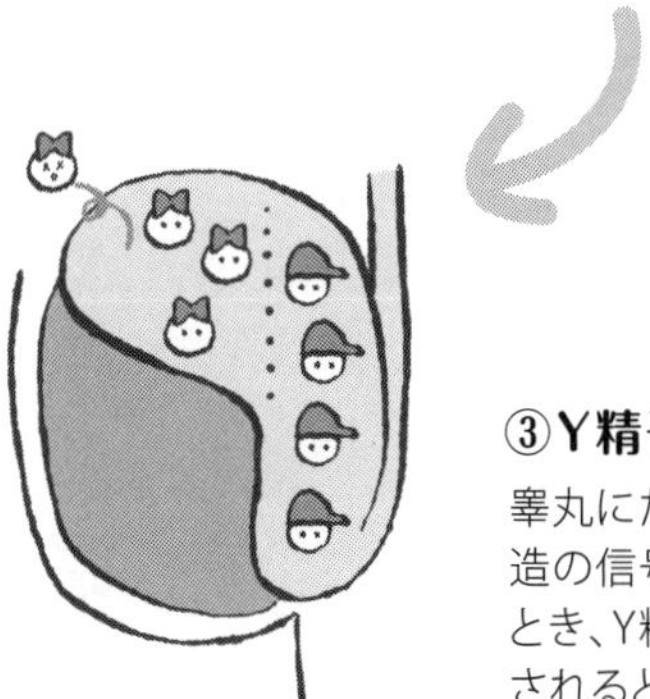

③Y精子が補充される

睾丸にたいし、脳から精子製造の信号が発信される。このとき、Y精子が優先的に補充されると考えられている

――男の子がほしい場合
妊娠を目的とするセックスの前は、**最低5日間は禁欲**して、Y精子の数を増やします。

2 体位 ――卵子までの到達距離を調整する

精子が卵子に到達する、卵管膨大部までの距離を調整することによって、希望する精子が受精する確率を高めることができます。

――女の子がほしい場合
X精子は、ゆっくり泳ぎますが、寿命が長く、酸性の環境でも比較的耐性があります。**挿入が浅い**と、子宮に到達するまで、酸性の環境の中を泳ぐ距離が長くなり、X精子に有利になります。

体位による産み分け

女の子を希望するとき

伸長位

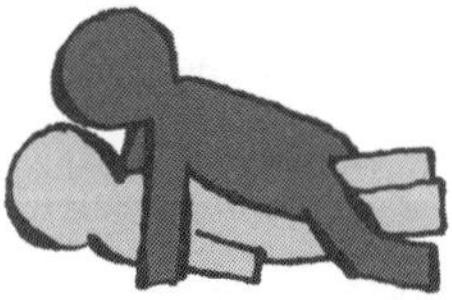

正常位の状態で、女性が両足を閉じ、脚をまっすぐ伸ばす。浅めの挿入でも男性には十分に刺激がある

側臥位

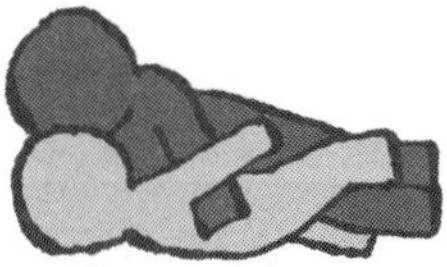

男女がお互いに向き合って横になり、女性が脚を曲げた状態で挿入する。自然と挿入が浅くなる

男の子を希望するとき

屈曲位

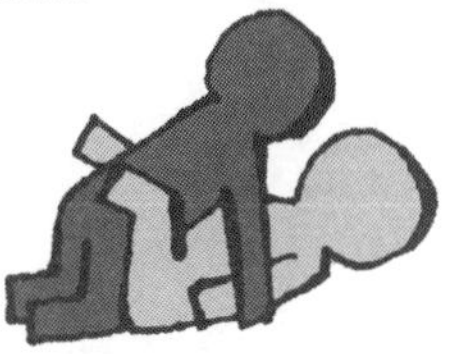

女性は正常位から両足を持ち上げ、脚をZの形にする。ひざを曲げるほど結合が深くなり、女性の腰の下にクッションを入れてもいい

後背位

女性が四つんばいになり、肘をつく。男性は膝をついて、女性の腰を引きつけるように挿入する

体位としては、伸長位《しんちょうい》、側臥位《そくがい》が、浅い結合になります。

――男の子がほしい場合

Y精子は、寿命は短いのですが、泳ぐスピードが速いです。男性器を子宮口そばまで**奥深く挿入**すると、精子は、よりアルカリ性に近い環境という好条件で、泳ぎはじめることになります。これは、瞬発力のあるY精子に有利になります。

体位としては、屈曲位、後背位が、深い結合になります。

3 排卵日――X精子とY精子の寿命の差を利用する

Y精子は泳ぐスピードは速いのですが、X精子より寿命が短いという特徴があります。

そこで、X精子より先に卵管膨大部にたどり着いたとしても、排卵がまだの場合、卵子を待つあいだに死んでしまう確率が高くなります。

――女の子がほしい場合

X精子とY精子の寿命差を考慮して、**排卵日2日前にセックス**します。

――男の子がほしい場合

精子が卵管膨大部に到達してすぐ受精できるよう、**排卵日当日にセックス**します。

4 下着で温度調整する ――熱への耐性を利用する

Y精子は熱に弱いため、睾丸を温めると、死んでしまいます。Y精子を減らさないためには、睾丸に熱がこもらないようにすることがたいせつです。熱のこもりやすい下着か、そうでないかを選ぶことによって、Y精子の数をコントロールすることもできます。

――女の子がほしい場合

下着は、ふだんからブリーフやボクサーパンツを履いて、**睾丸に適度な熱がこもるように**します。

ただし、睾丸を温めすぎると、精子の数が減りすぎて、妊娠そのものが成立しなくなりますから、注意してください。

――男の子がほしい場合

下着は、睾丸に熱がこもらないトランクスが望ましいです。**熱いお風呂やサウナも、しばらくは控える**ようにしましょう。

「産み分け」カレンダー

星回りから「産み分け」に適した日を見つける方法は、世界各地でおこなわれてきました。東西を代表して、ふたつのカレンダーをご紹介しましょう。

＊ヨナッシュ・メソッド（ルナ・バースデイ理論）

月経周期の28日は、月の満ち欠けのサイクルと関係します。昔から、天体の動きは、排卵や妊娠に関係すると考えられてきました。

満月や新月には出産が増えるといわれ、**新月に排卵するなら女の子、満月に排卵するなら男の子**、という説もあります。

ヨナッシュ・メソッドは、天体の動きをもとにした独自のカレンダーに従ってセックスすることで、妊娠をめざすメソッドです。

このメソッドでは、西洋占星術の12星座を、男性星座と女性星座のふたつに分けて考えます。そして、**受精の瞬間、月の満ち欠けの位置が**、ホロスコープの**男性星座に位置するか**、女性星座に位置するかによって、産み分けができると述べています。

＊中国の男女産み分け表

中国には、女性の年齢（数え年）と妊娠する月から、生まれる赤ちゃんの性別を割りだす「産み分け表」があります。

シンプルな方法ですが、中国では高い成功率を収めているそうです。

この他にも、インターネットで検索すると、世界各地のさまざまな「産み分けカレンダー」が見つかります。

理論的な根拠があるものも、おまじないのようなものも、内容はさまざまですが、息抜きに眺めるのも楽しいかもしれません。

中国の男女産み分け表

女性の年齢（数え年）と時期から導き出される中国の産み分け表。中国では99パーセントの確率で産み分けに成功するといわれています。

女性の年齢

受胎月	18	19	20	21	22	23	24	25	26	27	28	29	30	31	32	33	34	35	36	37	38	39	40	41	42	43	44	45
1月	F	M	F	M	F	M	M	F	M	F	M	F	M	M	M	F	M	M	F	M	F	M	F	M	F	M	M	F
2月	M	F	M	F	M	M	F	M	F	M	F	M	F	F	F	M	F	M	M	F	M	F	M	F	M	F	M	M
3月	F	M	F	F	M	F	M	M	M	F	M	F	F	M	M	M	M	F	M	M	F	M	F	M	F	M	F	M
4月	M	F	M	F	F	M	M	F	F	M	F	F	F	F	F	M	F	M	F	M	M	M	M	F	M	F	M	F
5月	M	F	M	F	M	M	F	F	F	F	F	M	F	F	F	F	F	F	M	F	M	M	F	M	F	M	M	F
6月	M	M	M	F	F	F	M	M	M	F	F	M	F	F	F	F	F	F	F	M	F	F	M	F	M	F	M	F
7月	M	M	M	F	F	M	M	F	F	M	M	M	F	F	F	F	F	F	F	F	M	F	M	M	F	M	F	M
8月	M	M	M	F	M	F	F	M	M	M	M	M	F	F	F	M	F	M	F	M	F	M	F	M	M	F	M	F
9月	M	M	M	F	F	M	F	M	F	M	M	M	F	F	F	F	F	F	M	F	M	F	M	F	M	M	F	M
10月	M	M	F	F	F	M	F	M	F	M	M	F	F	F	F	F	F	F	M	M	F	M	F	M	F	M	M	F
11月	M	F	M	F	F	M	F	M	F	F	F	F	M	F	F	F	M	M	M	F	M	F	M	F	M	M	F	M
12月	M	F	M	F	F	F	F	M	F	M	F	F	M	M	M	M	M	M	M	M	F	F	F	M	F	M	F	M

F =女の子　M 男の子

数え年の計算方法

現在は生まれたときを0歳として、誕生日が来るごとにひとつ年をとりますが、数え年は生まれた年を1歳として、新年を迎えるごとに1歳ずつ年齢を加えます。誕生日前は満年齢プラス2歳、誕生日後から次の元旦までは満年齢プラス1歳で計算しましょう。

例　満年齢25歳の場合

誕生日前（＋2歳）
25+2=27歳

誕生日後（＋1歳）
26+1=27歳

第2章

「産み分け」にトライしてみよう

まずは排卵日を知ろう
——基礎体温から推定する

産み分け成功のポイントを握るのは、**排卵日をなるべく正確に見つける**ことです。

排卵から次の月経が始まるまでは、月経周期の長さにかかわらず、ほぼ14日といわれています。月経周期が決まっている人は、次の月経予定日から14日さかのぼった日が、排卵予定日と推測できます。

ただし、この方法は月経周期が不順の人にはつかえませんし、ふだん月経が順調でも、ふとしたきっかけで排卵リズムが乱れる可能性もあります。

より正確に排卵日を推定するには、**基礎体温を測る**ことがおすすめです。

基礎体温とは、いちばん安静にしているときの体温のことです。

基礎体温は、ホルモンバランスに影響されて微妙に変化します。そこで、日々測定してグラフにすると、月経のサイクルをつかむことができるのです。

月経開始とともに基礎体温のグラフをつくると、まずは低温期が続きます。そして、排卵直前に体温が著しく低下する日があり、排卵日を迎えます。そののち高温期に入って、やがて次の月経を迎えるのです。

このパターンが一定であるかどうかで、ホルモンバランスが正常か、排卵がきちんとおこなわれているかを、判断することができます。

1 基礎体温からわかること

〈低温期〉

月経から排卵までは、エストロゲンというホルモンが分泌されて、卵胞の成長をうながします。

この時期の体温は、ほぼ36・0度〜36・5度に保たれます。

そのため、この期間を「低温期」と呼びます。

〈排卵〉

卵胞が成長していくと、エストロゲンの分泌も増えていきます。

エストロゲン分泌のピークと入れ替わりに、黄体形成ホルモン（ＬＨ）が大量に分泌されます。これをＬＨサージと呼びます。

排卵は、このＬＨサージのピークから15～24時間ほどあとに、起こります。

〈高温期〉

排卵後は、卵胞から分泌されるプロゲステロンというホルモンが一気に増えます。プロゲステロンには、体温を上昇させるはたらきがあるため、体温は36・3度～36・7度くらいまで上がります。この期間を「高温期」と呼びます。

妊娠していると、高温期は14週ごろまで続きます。

妊娠していない場合は、体温は2週間ほど高いまま保ったあと、次の月経が始まるとともに、ふたたび低下します。

基礎体温の変化

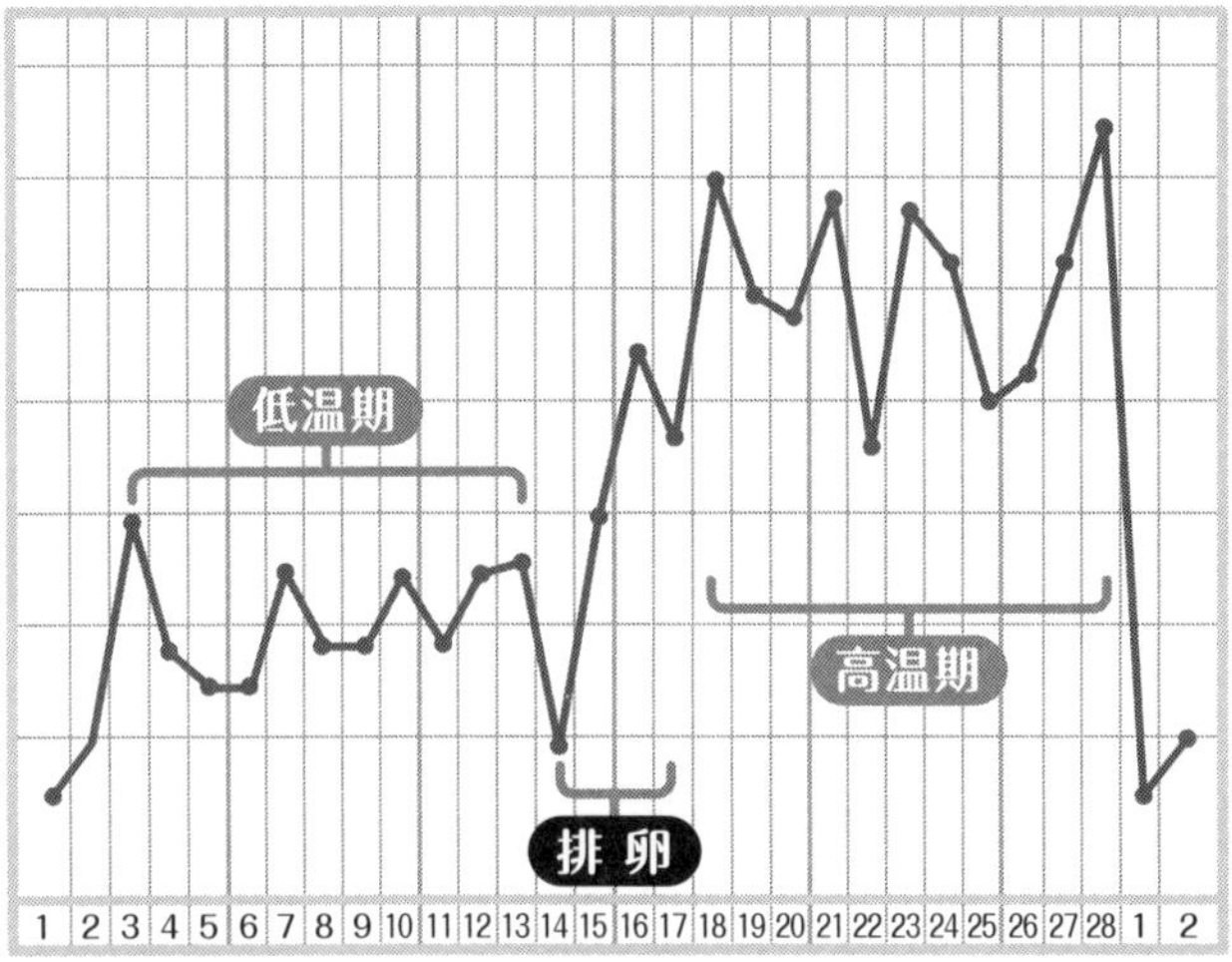

低温期（卵胞期）

月経がスタートしてから、月経周期でいう卵胞期の間は低温期と呼ばれます

↓

排卵

排卵の時期になると体温が低下する人がいます。ほぼ同時に排卵をうながすLHが多量に分泌され（LHサージ）、約24時間後に排卵が起こります

↓

高温期（黄体期）

排卵が起きたあとは、卵胞が黄体に変化します。体温を上昇させるプロゲステロンが分泌され、次の月経開始まで体温を高温に保ちます

2 基礎体温を測る

〈体温計を選ぶ〉

低温期と高温期の差は、0・5度くらいしかありません。この微妙な差を計測するには、**小数点以下第2位まで表示される婦人体温計**をつかう必要があります。

水銀体温計は、もっとも正確な測定ができますが、測定に時間がかかります。手軽なのは、電子体温計です。自動的に測定結果を記憶してグラフ化する機能や、排卵日を予測する機能のついたものもあります。

〈基礎体温を測る〉

婦人体温計は、もっとも体温の高い舌の裏側のいちばん奥で計測します。いつも同じ場所で測るようにします。

毎朝なるべく同じ時間に、目覚めてすぐ測り、そのあいだは体を動かしてはいけ

基礎体温の測り方

①枕元に婦人体温計を用意しておく

②起床後すぐ、体温計を舌の裏側のいちばん奥に挟む。いつも同じところを計測する

③計測が終わるまで、体を動かさない

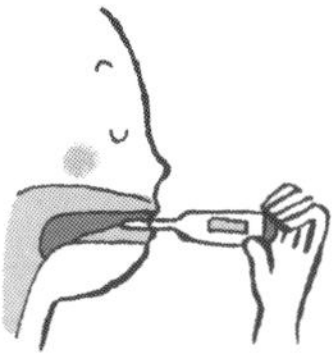

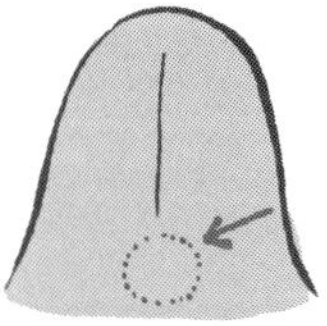

✕伸び　✕話す

✕寝返り　✕あくび

注意点
- 毎朝同じ時間に測る
- 最低4時間は寝る
- 毎日継続する

ません。体温計は眠る前に、枕元に用意しておきましょう。

計測が終わるまでは、起き上がったり、寝返りしたり、伸びやあくびをしたり、だれかに話しかけたりしてはいけません。

たっぷり眠ったあとでないと基礎体温はわからないので、少なくとも4時間以上の睡眠をとってから測ります。そのためにも、夜更かしせず、朝も極端に早い時間に起きるのはやめましょう。

❸ 基礎体温表のつけ方

〈毎日継続して記録する〉

基礎体温は、少なくとも2、3か月は毎日計測し、記録します。測りそびれる日や、注意点を守れないときもあるかもしれませんが、**あきらめずに記録を続けましょう**。2、3か月ほど記録をとっていくと、自分のリズムがわかってきます。

〈折れ線グラフにする〉

数値を記録したら、83ページの図のような基礎体温表に折れ線グラフで記録します。基礎体温表は、薬局やクリニックで入手できます。

折れ線グラフにすると、体温の変化がよくわかります。

また、体温以外に、月経、セックスの有無、おりものの状態、体調などを書きこむといいでしょう。

4 基礎体温表を読みとる

〈読みとりのポイント〉

基礎体温表は、日々の測定値の上下ではなく、1サイクル全体のグラフの動きを見ることがたいせつです。

排卵が起きているかどうかは、次の3つのポイントをチェックします。

（1）低温期と高温期に分かれている
（2）月経開始から20日以内に、排卵日を推定できる
（3）高温期の期間が10日以上続いている

このポイントを満たしているときは、排卵していると考えられます。

高温期に入る前、体温が急激に下がる日の2～3日後が排卵日と思われます。

もっとも、基礎体温には個人差があって、体温の急降下がはっきりしない人や、高温期への移行に数日がかかる人もいます。

そのようなケースでは、大ざっぱに「体温が上がりはじめるときが排卵日」と推定すればいいでしょう。

〈排卵サイクルがわからないとき〉

次のような場合は、クリニックで診察を受けたほうがいいこともあります。

・低温期と高温期が分かれない
低温期と高温期の差が0・4度以下の場合、黄体ホルモンのバランスが崩れているか、排卵がおこなわれていない可能性があります。40日以上続くようなら、受診して検査をしたほうがいいでしょう。

・低温期が長い
低温期が20日以上ある場合は、卵巣機能がうまく働いていない可能性があります。

・高温期が短い
排卵後の高温期は、ふつう12〜15日間続きます。高温期が9日未満のときは、卵子が未成熟か、黄体機能不全かもしれません（反対に、12〜15日たっても高温期が終わらないときは、妊娠している可能性があります）。

・体温が大きく何度も上下する

グラフが乱高下しているときは、排卵を特定できません。基礎体温の測り方の基本を確認しましょう。

測り方に問題がなければ、生活習慣を見直す必要があります。生活が不規則だったり、睡眠時間が短すぎたりするために、体温が一定しない場合もあります。

それらの要因を改善しても、グラフの乱れが治まらないようなら、クリニックで排卵リズムを検査することをおすすめします。

排卵日を知るための さまざまな方法

排卵日を推定するには基礎体温表をつけるのが基本です。とはいえ、基礎体温表だけで排卵日を特定するのは、なかなか難しいものです。

次の方法を総合的に組み合わせることで、排卵日やその時間帯をより詳しく知ることができます。

1 頸管粘液から調べる

頸管粘液とは、子宮頸管の周りで分泌される粘液です。

頸管粘液は、ふだんはかたいのですが、**排卵が近づくと水分を含んでやわらかくなり、分泌量も増えていきます。**

排卵のころ、卵の白身のような半透明のおりものが出てくることがありますが、それが頸管粘液です。

そこで、頸管粘液の状態を調べることで、排卵が近づいているかどうか、推測することができます。

指を清潔にし、膣の奥に差し入れて粘液を取り、親指と人差し指で広げて伸ばしてみましょう。

ふだんはほとんど伸びませんが、排卵の数日前には3〜4センチ、排卵直前になると10センチくらいまで伸びるようになります。

ただし、セックスのあとや、避妊具をつかっているときは、頸管粘液の状態が正確にわからないことがあります。

また、おりものは頸管粘液だけではないので、体調を崩したときなどに、排卵とは関係なく増えることもあります。

頸管粘液で排卵日を知る

排卵2～3日前

膣が湿り気を帯び、頸管粘液の色は白く、臭いはない。指で伸ばすと3～4センチ伸びる

排卵直前

頸管粘液が増え、卵白のような弾力と透明感がある。指で伸ばすと7～10センチ近くになる

2 排卵痛

排卵のとき、卵胞の破裂にともなって、下腹部に鈍い痛みを感じることがあります。これを排卵痛といいます。

右下腹部が痛むという人が多いのですが、排卵のたびに左右が変わる人もいます。

排卵痛は、排卵の5～6時間前から始まることが多いといわれますが、個人差があり、敏感な人の場合、前日から痛みを感じるようです。

排卵痛は、多くの場合、排卵前後1時

間ほどがピークで、24時間くらいで少しずつ治まっていきます。

はじめは気づかなくても、排卵日前後に注意していると、鈍い痛みを感じとれるようになることもあります。

なお、排卵痛ではありませんが、排卵日前後に、腰痛や頭痛という体の変化を感じる人もいます。

ふだんから心身の状態に注意を向けていると、ささやかな変化にも気づけるようになっていくでしょう。

3 排卵検査薬を使う

排卵日を知るには、**市販の排卵検査薬**を使うこともできます。

排卵の24～36時間前になると、黄体形成ホルモン（ＬＨ）が大量に分泌されます。ＬＨサージと呼ばれるこの現象により、尿のＬＨ濃度も急激に高まります。

市販の検査薬は、尿中の黄体形成ホルモン濃度を測定して、ＬＨサージを確認することで、24時間以内の排卵を予測します。

検査方法は、スティックに尿をかけるだけで判定できるので手軽です。排卵日の2日前を推定できる、より精密な排卵検査薬もあります。ただし、一般の薬局では販売されていないので、産み分けを指導するクリニックや、そのインターネットのサイトで、購入しなくてはなりません。

検査薬は科学的に根拠のある診断法なので、頼りにする人が多いのですが、あくまでもいくつかある測定法のひとつです。まれに測定を誤ることもありますし、検査薬によっては、試薬の色の濃淡をチェックする方式のため、判断が難しいこともあります。

排卵日をより正確に知りたいなら、**他の方法もいくつか組み合わせて判断する**ことがたいせつです。

4 クリニックで排卵日を予測する

月経周期が一定の人の場合、基礎体温表、頸管粘液、排卵痛、排卵検査薬といった情報を集めると、80パーセントの確率で、排卵日を特定できるといわれています。

ただし、月経周期が不規則な人や、基礎体温表が一定でない人は、なかなか判断がつかないことがあります。

排卵日を知るには、クリニックを受診して専門的な検査をすることもできます。産み分け指導をおこなうクリニックには、排卵日が近づくころ、基礎体温表を持参していくといいでしょう。

クリニックでは、ホルモン血液検査、ホルモン尿検査、頸管粘液検査などの他に、エコー検査をおこないます。エコー検査は、排卵日を特定する検査の中で、もっとも精度が高いと考えられます。

専門的な検査を組み合わせると、排卵日は、95パーセントの確率で特定できるといわれています。

〈エコー検査〉

超音波受発信器を、おなかに当てるか膣の中に入れて、卵胞の大きさを調べます。卵胞は、はじめは2～3ミリですが、排卵直前には2センチほどまでに成長します。エコー検査によって、現在の卵胞の大きさがわかれば、排卵までどれくらい日数がかかるか、推定できます。

上の子にはおなかの赤ちゃんのすがたが見える？

お母さんより先に、上のお子さんが、下の子が宿ったことに気づくこともあります。

私が144人にアンケートしたところ、

「お母さんより早く、上の子が妊娠に気づいた（50人）」

「わからなかった（77人）」

「不明（17人）」

という結果になりました。

上の子は、「赤ちゃんがいるよ」と、言葉で告げるだけではありません。

急に人形を抱っこする、べたべた甘えてくる、お母さんのお股をくぐる、よその赤ちゃんに興味をもつ、お母さんのおなかに話しかける、といった行動を通して、お母さんに知らせることもあります。


上の子が、おなかの赤ちゃんの性別を当てることもあります。

ある3歳の男の子は、向こうからきた人がお母さんにぶつかったとき、

「ママ、赤ちゃんだいじょうぶ？　女の子だよ」

といいました。お母さんは、その数日後、妊娠を知ったそうです。

また、8歳の男の子は、妊娠中のお母さんのおなかを見て、

「ぜったい、男だ。見えた」

と、きっぱりいいました。

周りの人はみんな、おなかの赤ちゃんは女の子と思いこんでいましたが、生まれたら、実際に男の子でした。

上の子が赤ちゃんの性別を断言するときは、私のクリニックにいらしたお母さんから聞いたところでは、90パーセント以上の確率で当たっています。


生まれる前のことを語るお子さんの中には、

「雲の上で、きょうだいになる約束をした」

と語る子が、たくさんいます。

「じゃんけんで、順番を決めたの」

「（弟と）いっしょに、お母さんを見ていたよ。『ぼくが先に行くね』と言って、生まれてきたよ」

「赤ちゃんは、並んでいる順番に生まれてくる。ぼくが前のほうにいて、〇〇くん（弟）は、もっと後ろに並んでいた」

子どもたちの話を聞いていると、きょうだいは生まれる前から深い縁で結ばれているようです。

性別も含めて、兄弟姉妹だから体験できること、学べることも、人生にはあります。

子どもたち自身が、心の奥深くで、お互いどんな性別で生まれるか、約束しているケースもあるかもしれない――。そんなふうに想像してみると、子育てをまた、違ったふうに見つめられるかもしれません。

女の子がほしいとき

1 排卵日2日前にセックスする

ここからは、実際の産み分け方法を男女別にまとめてご紹介します。すでに前述した方法ですが、おさらいしてみましょう。まずは、女の子をほしい場合です。

女の子の産み分けの基本は、セックスのタイミングです。

排卵が近づくと、膣のｐＨ値は酸性度が弱くなっていきますが、排卵日2日前だと、まだ酸性度は強く保たれたままです。

したがって、排卵日2日前だと、Ｙ精子よりも酸性の環境に強いＸ精子が、受精に有利になります。さらに、排卵日2日前というのは、Ｘ精子とＹ精子の寿命差と

いう点でも、X精子に有利になります。

Y精子とX精子では、Y精子のほうが泳ぐスピードが速いため、Y精子のほうが、排卵がおこなわれる卵管膨大部に、先に到達しやすくはあります。

しかし、排卵日2日前にセックスすると、Y精子が先に奥まで泳ぎついても、排卵を待つあいだに、寿命の短いY精子は死んでしまいます。

すると、寿命の長いX精子が生き残り、女の子が生まれる確率が高くなります。

もっとも、排卵日2日前を推測するのは、とても難しいものです。

まずは、月経周期をなるべく一定にして、排卵日を予測しやすい体調をととのえましょう。そして、基礎体温、頸管粘液の状態、排卵検査薬の結果という、さまざまな情報をもとに、排卵日2日前を特定してください。

市販の排卵検査薬は、24時間以内に排卵がおこなわれる可能性を調べるもので、排卵日2日前を推定することはできません。

排卵日2日前を推測できる、より精密な排卵検査薬は、産み分け指導をおこなうクリニックで購入する必要があります。

それでもわかりにくい場合は、クリニックでのエコー検査や、血中のホルモン量検査など、専門的な診断を併用することが望ましいでしょう。

2 精液を薄めておく

精子の数が増えると、X精子に比べて、Y精子の比率が高くなります。

排卵日2日前の目安をつけたら、**その日に向けて精液を薄める**ようにしましょう。

3日に1回のセックス、少なくとも1週間に1回は射精することが、女の子の産み分けに望ましいといわれています。

精液を薄めるためのセックスでは、必ず避妊しなくてはなりません。避妊法としては、コンドームが手軽で、正しくつかうなら効果も高いです。

〈コンドームの正しいつかい方〉

袋を開けたら、コンドームに穴が開いていないかチェックします。ゴムを傷つけないように注意しながら、先端の小袋部分の空気を抜きます。空気が入ったままだと、射精したときにゴムが破れる可能性があります。

装着するときは、ゴムが巻いてある状態のまま男性器の先にかぶせ、少しずつ伸ばしていき、根元まできっちりかぶせます。

コンドームは、男性器を女性器に挿入する前につけ、射精後はすぐに外します。いつまでも装着したままだと、隙間《すきま》から精液が漏れるおそれがあります。

3 セックスはあっさりと

「1 排卵日2日前にセックスする」でも説明したように、X精子はY精子に比べて酸性に強いという特徴があります。腟内のｐＨ値はなるべく酸性に保ち、X精子に有利な環境をととのえましょう。

コンドームの正しいつかい方

1

先端の小袋の部分を軽くねじって、中の空気を抜く。この際、爪などで破ってしまわないように気をつける

2

ゴムが巻いてある状態で勃起した陰茎の亀頭にかぶせる

3

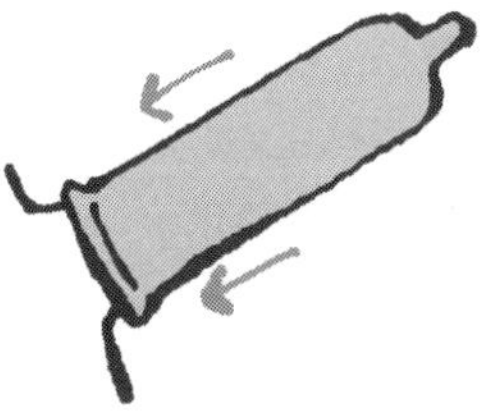

巻いてある部分を少しずつ引き下げ、根元まできっちりと装着する。装着前に伸ばしてしまったりしないように気をつける

女性がオルガスムスを感じると、アルカリ性の頸管粘液が分泌されて、膣内が中性に傾いてしまいます。セックスのときは、**性的な刺激の少ない、短時間のセックスにとどめるといいでしょう。**

さらに、セックスの体位にも注意する必要があります。

膣のpH値は、子宮頸管の近くよりも酸性度が強いので、X精子を受精させたいときは、男性器の**挿入を浅め**にします。

X精子は泳ぐスピードはゆっくりですが、酸性という環境にはY精子よりも耐性があります。そこで、子宮口から遠いところで射精し、酸性の膣を、なるべく長く泳がせるようにすると、X精子が有利になるのです。

4 ピンクゼリーを使う

膣のpH値には個人差があり、もともとそれほど酸性度が強くない人もいます。

また、オルガスムスを感じなくても、性的な刺激を受けるだけで、頸管粘液がたくさん分泌される人もいます。

膣内のｐＨ値を酸性に保つのに効果的なのが、ピンクゼリーです。原料は食品で、女性にも精子にも、副作用を及ぼす可能性はありません。

ゼリーは、セックスの前に、注射器で吸い上げて膣の中に注入します。あおむけになって、腰の下に枕を敷くなどして、外に流れないように工夫しましょう。

5 セックス後は避妊する

産み分けのセックスは、排卵日2日前におこない、それ以降は最低でも1週間は、避妊します。これは、排卵日2日前以降のセックスで射精された精子が、受精する可能性をなくすためです。

排卵が近くなると、膣の酸性度は弱まり、Ｙ精子に有利になります。Ｘ精子を受精させて女の子を授かるには、それを避けなくてはなりません。

環境と産み分け

電磁波に長時間さらされるコンピューターのプログラマーや、被曝《ひばく》のリスクのある放射線技師からは、女の子が生まれることが多い、という噂があります。医学的な確証はありませんが、多くの人が語っているところからすると、なんらかの傾向はあるのかもしれません。

電磁波も放射線も、生物にとってはストレス要因です。Y精子はX精子よりも生命力が弱いので、過酷な環境においては、Y精子の受精、着床は、X精子に比べて難しくなるのかもしれません。

男の子がほしいとき

1 排卵日にセックスする

Y精子はX精子に比べて活動性が高く、泳ぐスピードが速いのですが、酸性の環境に弱く、寿命が短いという特徴があります。

排卵日は頸管粘液が多く分泌されますから、腟の酸性度が、もっとも弱まります。すると、Y精子は活発に動けるようになり、X精子よりも先に、卵管膨大部にたどり着く確率が高くなります。

排卵日のセックスがY精子に有利な理由は、もうひとつあります。

せっかくY精子が卵管膨大部にたどり着いても、なかなか排卵しなければ、それを待つあいだに、寿命の短いY精子は死んでしまいます。

Y精子が元気なうちに、すぐに受精できるよう、**セックスは排卵直前**であることが望ましいのです。

基礎体温、頸管粘液の状態、排卵検査薬の結果という、いくつもの情報を集めて、総合的に排卵日を判断しましょう。

2 精子の数を増やす

Y精子は酸性の環境に弱いため、その多くが膣の中を通るあいだに死んでしまいます。

Y精子が受精する確率を上げるには、なるべく多くのY精子を送りこまなくてはなりません。

精液中の精子の数を増やすのに、もっともシンプルな方法は、**禁欲**です。

射精の回数を減らすと、精子が蓄積されるので、1回に放出される精子の数が増えます。

しかも、X精子とY精子の比率は1対1ではなく、精液中の精子の数が多くなるほど、Y精子の比率が上がるといわれています。

したがって、禁欲して精子の数を増やすことは、Y精子に有利になるのです。

男の子を産み分けるには、最低でも5日間は、禁欲することです。

ただし、精子の貯蔵期間が長くなりすぎると、精子の受精能力は低下してしまうと考えられます。禁欲は、あまり極端に長くないほうがいいでしょう。

さらに、気をつけなくてはならないのは、**Y精子は熱に弱い**ということです。

男性が発熱すると、Y精子は死んでしまったり、運動能力が低下したりすることがあります。

ふだんからトランクスなど熱のこもりにくい下着を身に着け、熱いお風呂やサウナには長時間は入らないようにしましょう。

なお、男性の体調が悪いときは、射精したとき、精液の量が減る傾向がありま
す。

Y精子を増やすには、男性の健康管理もたいせつです。

3 濃厚なセックスをする

Y精子を受精させたいときは、膣の酸性度をなるべく低くしなければなりませ
ん。

女性が性的刺激を受けて、オルガスムスを感じると、アルカリ性の頸管粘液が分泌されて、膣の酸性度が中和されます。

男の子を望むなら、**セックスに時間をかけ、女性がじゅうぶんな性的刺激を受けてから、射精**することがたいせつです。

さらに、セックスの体位にも注意しましょう。

男性器をなるべく奥まで挿入してから射精すると、Y精子は酸性の腟を長く泳がずにすむので、数をあまり減らさないまま、卵管膨大部をめざすことができます。子宮頸管や子宮口の近くには、アルカリ性の頸管粘液が分泌されていて、Y精子は酸性の腟の中よりも、活発に動けるようになります。すると、泳ぐスピードの遅いX精子より、ずっと有利になるのです。

なお、射精がすんだら、精液がこぼれないように、30分は挿入した状態を保つといいでしょう。女性はその後3時間以上、足を閉じて静かに眠ると、妊娠しやすくなるといわれています。

4 グリーンゼリーをつかう

腟のpH値には個人差があり、もともと酸性度が強い人もいます。また、オルガスムスを感じても、分泌される頸管粘液が少なめの人もいます。

腟の環境をアルカリ性に傾けるには、グリーンゼリーをつかうこともできます。

原料は食品で、女性にも精子にも、副作用を及ぼす可能性はありません。
ゼリーは、セックスの前に、注射器で吸い上げて膣の中に注入します。あおむけになって、腰の下に枕を敷くなどして、外に流れないように工夫しましょう。

5 リンカル（リン酸カルシウム）を摂る

リンカルは、微量の鉄分を含んだ天然カルシウムで、錠剤のかたちをした、栄養補助食品です。女性にも赤ちゃんにもなんの副作用も及ぼさない、安全な食品です。

もともとは、赤ちゃんの先天性異常を予防するために、女性に処方されるサプリメントでした。

ふしぎなことに、**女性がリンカルを服用してから妊娠して生まれた赤ちゃんは、みんな健康だっただけでなく、ほぼすべて男の子**でした。そのため、男の子の産み分けに用いられるようになったのです。

リンカルの効果を出すには、2か月以上連続して服用し、飲み忘れがないようにしなくてはなりません。リンカルは5日飲まずにいると、産み分けの効果がゼロになる、といわれています。

産み分けの場合、1回のセックスで妊娠するとはかぎらないので、妊娠が確実にわかるまで、リンカルの服用をやめてはなりません。

じつは、リンカルが男の子の出生率を上げる理由は、現段階ではまだわかっていません。

それでも臨床的には、セックスのタイミングを守り、グリーンゼリーをつかって、リンカル服用を併用した場合、男の子が生まれる確率は90パーセント以上というデータもあります。

リンカルは、産み分けを指導するクリニックや、そのインターネットのサイトで、購入することができます。

クリニックで産み分けする場合

1 産み分けの指導を受ける

産み分けを指導するクリニックでは、**排卵日をより精密に特定し、産み分けの方法について専門医のアドバイスを受けることができます。**また、産み分け用ゼリーやリンカルの購入も可能です。

受診すると決めたら、数か月分は基礎体温表を用意するといいでしょう。月経中の受診は避け、できればご夫婦そろって指導を受けるようにしましょう。

ＳＳ研究会（産み分け研究をしている産婦人科医の組織）のサイト「生み分けネット」（https://www.umiwake.jp/）では、全国のクリニックの情報を検索でき、通信による指導も受けることができます。

クリニックを受診するには、いくつかの注意点があります。

まず、**産み分けのための診療は、健康保険が適用されない自由診療**なので、費用がかかります。ただし、これらの検査で婦人科系の疾患が見つかると、その治療にたいしては健康保険が適用されます。

また、ご理解いただきたいのは、専門医の指導を受けても、100パーセント確実に希望する性の赤ちゃんが授かるとはかぎらない、ということです。しかも、産み分けにトライしてから赤ちゃんを授かるまで、どれくらいの期間がかかるかもわかりません。こういった不確定な要素があることを心にとめ、ご夫婦ともに納得してから、受診するようにしましょう。

2 パーコール法という選択肢

日本で唯一許可されている産み分け医療は、パーコール法です。

これは、精子をパーコールという液体（ショ糖という糖分の一種）に入れ、遠心分離器にかけて、Ｘ精子とＹ精子を分別する方法です。**Ｘ精子はＹ精子より少し重く、Ｙ精子より先に沈む**ので、いずれかを選択的に取りだし、子宮に注入して受精させます。

パーコール法は、もともと畜産の分野において、選択的に牝牛《めうし》を生ませるために考案された方法です。

牛の受精においては、パーコール法の安全性は確認されていましたが、人間においても問題ないかどうか、日本産科婦人科学会は慎重な検討を重ねてきました。

一時は禁止されていましたが、２００６年、パーコール液は無害であり、精子に影響を及ぼさない、という結論が出ました。

現在では、希望するかたは、パーコール法を自由診療として受けることができます。ただし、選別した精子だけを子宮に戻すので、妊娠の確率は下がります。

フォレスト出版　愛読者カード

ご購読ありがとうございます。今後の出版物の資料とさせていただきますので、下記の設問にお答えください。ご協力をお願い申し上げます。

●ご購入図書名　「　　　　　　　　　　　」

●お買い上げ書店名「　　　　　　　　　　」書店

●お買い求めの動機は？

1．著者が好きだから　　2．タイトルが気に入って

3．装丁がよかったから　　4．人にすすめられて

5．新聞・雑誌の広告で（掲載紙誌名　　　　　　）

6．その他（　　　　　　　　　　）

●本書についてのご意見・ご感想をお聞かせください。

●ご意見・ご感想を広告等に掲載させていただいてもよろしいでしょうか？

□YES　　□NO　　□匿名であればYES

郵 便 は が き

料金受取人払郵便

牛込局承認

3052

差出有効期限
平成28年 5 月
31日まで

162-8790

東京都新宿区揚場町2-18
白宝ビル5F

フォレスト出版株式会社
愛読者カード係

フリガナ お名前	年齢　　　歳 性別（ 男・女 ）
ご住所 〒 ☎　（　　）　FAX　（　　）	
ご職業	役職
ご勤務先または学校名	
Eメールアドレス メールによる新刊案内をお送り致します。ご希望されない場合は空欄のままで結構です。	

フォレスト出版の情報はhttp://www.forestpub.co.jpまで!

パーコール法（精子分離法）とは？

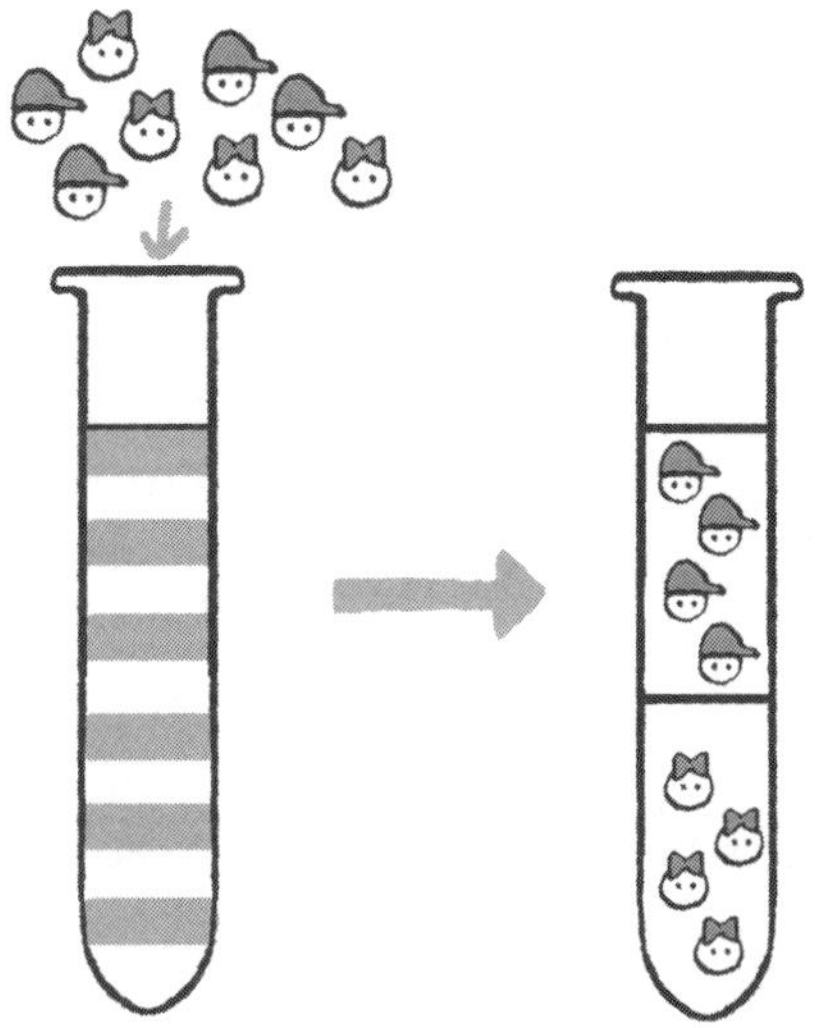

シヨ糖という糖分の一種である「パーコール」をつかい、Y精子とX精子を分離する方法。何種類もの濃度の異なるパーコールを重ねて、その上に精子を置く。そのまま遠心分離器にかけ、10〜15分ほどでX精子が下のほうに集まる。パーコールは無害とはいわれるものの、安全面を考慮し、分離した精子をさらに洗浄、パーコールを除去してから、精子を子宮内に注入する。X精子の分離のほうが、Y精子の分離よりも確率が高いと言われ、女の子を希望する際に実施されることが多い。成功率が100パーセントではなく、できる病院も限られ、高額である

おなかの赤ちゃんは気づいている

人生は、頭で考えたとおりには進まないものです。予定外の出来事を受け入れ、どれだけ楽しめるかに、人生を味わい深くするヒントがあるように思います。

産み分けに計画どおりトライできたか、それともパーフェクトとはいかなかったか、いろいろなケースがあるでしょう。

けれど、もし赤ちゃんを授かったら、それはすべて、新しいいのちを生みだすための必然の流れであるように思います。

妊娠がわかったら、すぎたことをあれこれ考えるのはやめて、かけがえのないマタニティライフを楽しみましょう。おなかの赤ちゃんは、男の子でも女の子でも、あなたのたいせつなわが子であり、かけがえのないいのちです。

いのちが宿った瞬間から、子育ては始まります。おなかの赤ちゃんは、すでに一人前の存在として、外の世界を感じとっています。

私は2002年と2003年、長野県諏訪《すわ》市と塩尻《しおじり》市で、保育園に通う子どもたち約3500人を対象に、胎内記憶や誕生記憶についてアンケートをおこないました。

この調査からは、子どものほぼ3人にひとりが、おなかにいたときや生まれたときのことを、なんらかのかたちで覚えていることが明らかになりました。

赤ちゃんが感じている世界を、ここに少しご紹介しましょう。

〈おなかの中は、どんなところ?〉

「暗くて、気持ちよかった」(2歳、男の子)

「暗かった。苦しかった」(3歳、女の子、2人)(3歳、男の子)

「あったかかった」(2歳、男の子、2人)(3歳、女の子、2人)(4歳、男の子)

「赤かった」（1歳、女の子）（2歳、男の子）
「あったかくて、気持ちいいところだった。ゆらゆらしていた」（3歳、女の子）
「明るかった」（2歳、男の子）（4歳、女の子）
「ママの声が聞こえていた」（2歳、女の子）
「赤かった。あったかかった。ひっくりかえっていた」（男の子）
「ふわふわして、気持ちよかった」（4歳、女の子）

〈おなかの中で、何をしていたの？〉
「暗いところで、体をまるめていた。ひざをかかえて、じっとしていた」（2歳、男の子）
「頭を下にして、逆立ちしていた」（2歳、女の子）
「おふろに入っていた」（2、3歳、男の子）
「泳いでいた」（3歳、女の子）（2歳、男の子）

「ぽかぽか浮いていた。白いものが舞っていて、気持ちよかった」（5歳、男の子）
「おなかの中でお水を飲んでいた。気持ちわるかった」（4歳、男の子）
「泳いでいた。歌ったり、音楽を聞いたり、水を飲んでいた」（3歳、女の子）
「ひもでつながれていた」（2歳、女の子）
「いつもおどっていた。ああ、ママのおなかにもどりたいな」（3歳、男の子）
「パンチ！とかキック！とか、たくさんしていた」（2歳、女の子）
「足をぴょんぴょんしていた」（5歳、女の子）
「いっぱいジャンプしたよ」（4歳、男の子）
「一度くるんとまわったよ」（2歳、男の子。逆子治しの体操をした）
「すやすや眠っているだけだった」（4歳、女の子）
「遊んでいた」（5歳、女の子）
「寝ていた」（3歳、女の子）

〈おなかの中で、音は聞こえた？〉
「うるさかった」（4歳、女の子）
「ママの声、いちばんよく聞こえたよ」（2歳、女の子）
「お父さんとお母さんの、ワハハって笑っている声が聞こえた」（3歳、男の子）
「パパとママが、私の名前決めていたね。ゆらゆら気持ちよかったよ」（4歳、女の子）
「パパとママの声が聞こえたよ。パパが『ぞうさん、ぞうさん、お鼻が長いのね』って歌っていたの」（3歳、女の子）
「『するするぽんって生まれてきてね』って、パパとママがお話ししているのが聞こえたよ」（2歳、男の子）
「ママが『いたい』って言った。かわいそうだったから、動かなかったの」（4歳、男の子）
「ママは、『もう少しそこにいなさい』って言っていた」（2歳、男の子。出産予

定日が近づいたとき、お母さんは何度かそう話しかけていた）
「バイオリンと英語が聞こえた」（2歳、女の子。妊娠中、お母さんは毎日英会話のレッスンを受け、お父さんはよくウクレレを弾いていた）

〈おなかの中で、困ったことは？〉

「おなかの中に、何かあったでしょ。大きくなると、ぼくが生きていけなくなっちゃうやつ。つぶされたらどうしようって思って、こわかったの。ママ、ぶじに生んでくれてありがとう」（6歳、男の子。妊娠初期に、子宮筋腫《きんしゅ》が見つかった）
「おなかの中は、くさかった。弟のときもくさかったと思うよ」（男の子。お母さんは妊娠中、喫煙していた）
「お母さん、せきばっかりしていて、やばいなと思った。だから、おなかの中で、一生懸命そうじしていたの」（5歳、男の子）

〈外の様子も、気づいていた？〉

「ドンとしたので、びっくりした」（3歳、女の子。妊娠4週ごろ、車の追突事故に遭った）

「ママ、私がおなかにいたときにも、お酒を飲んでいたよね」（3歳、女の子）

「あの緑色のヌルヌルのって冷たいよね。ぼく、あれぬられると、ビクッてしちゃった」（3歳、男の子。お母さんが下の子を妊娠中、エコー検査前にゼリーをぬられるのを見て）

「（私がおなかの中にいたとき）パパはママに意地悪ばっかりしていたよね。ママが泣いていたの、私、知っているよ」（2、3歳、女の子）

「おなかの中にいたとき、木とか、ビルとか、電気とかが見えたよ。雲とかオレンジ色で、夕焼けみたいだった。道路もオレンジ色だった」（2歳、男の子。お母さんは妊娠中、よく夕日を浴びながら海沿いの公園を散歩していた）

「ぼくがおなかにいるとき、お店でしんどくなったね。お店の人が、車でおうち

まで送ってくれたね」（3歳、男の子。妊娠中、お母さんはスーパーで貧血になり、店員に介抱してもらったことがあった）

「ここ、知っているよ。おへその穴から見てたもん」（4歳、女の子。お母さんが妊娠中何度か散歩に行った公園に、はじめて連れていかれたとき）

「結婚式のとき、手をつないでいるのが見えた。拍手がいっぱい聞こえた。おへそから見えた」（5歳、男の子。結婚式は妊娠7か月のとき）

子どもたちの「記憶」には、現代の医学では説明がつかない内容もあります。けれど、たくさんの子どもたちの話には、大きな共通点があります。それは、**おなかの赤ちゃんには、すでに感情や意思がある**ということです。

おなかの赤ちゃんに「この世にようこそ」「あなたが大好きよ」と語りかけてください。それは、赤ちゃんに贈るはじめてのすてきなプレゼントになるでしょう。

赤ちゃんに語りかけ、親子のきずなを深めておくと、生まれたあとのコミュニケーションも、きっとスムーズになるでしょう。

余談ですが、本書の本文をデザインしてくださったデザイナーさんの娘さんは、小学校2年生のとき、とつぜん、

「生まれる前に、おかあさんを何人かお試ししたの。ママがいちばん絵が上手だったから、ママにしたの」

と話したそうです。デザイナーさんは、娘さんが冗談を言っていると思っていたそうですが、これはまさに生まれる前の記憶です。実際、娘さんは、絵を描くのがとても好きで、絵のコンクールに入賞するほどの腕前だそうです。

第3章

「産み分け」Q&A

産み分けの基礎知識

Q 産み分けをしたいのですが、だれに相談したらいいでしょうか。

A 「生み分けネット」（https://www.umiwake.jp/）というサイトがもっとも詳しいです。

「生み分けネット」は、産み分けの第一人者、杉山力一先生のノウハウが紹介されています。産み分けに必要な、ゼリーやリンカルなどの通信販売もあります。産み分け指導をおこなうクリニックのリストもあるので、ご参照ください。

Q 100パーセント成功する産み分けはありますか。

A 産み分けに100パーセントの成功はありません。

セックスのタイミング、方法、体位、ゼリー、男の子の場合はリンカル服用という条件を満たすと、産み分けの成功率はかなり高くなります。とはいえ、産み分けには、100パーセントという方法はありません。

前述しましたが、男の子を希望した人で約80〜90パーセント、女の子を希望した人で約70〜80パーセントというデータがあります。

産み分けを指導するクリニックに通い、排卵日の特定をおこなうなど、専門的なサポートを受けるなら、産み分けの確率は、さらに少し上がることが期待できます。

Q 男の子が生まれやすい、女の子が生まれやすい体質ってありますか。

A ある程度はあるようです。

赤ちゃんの性別を決定するのは、男性の精子です。

男性には、体質的に、X精子が多めの人もいれば、Y精子が多めの人もいますし、その比率は、ストレスや環境、セックスの頻度などによって、変わってきます。

ただ、女性にも個人差があり、X精子、Y精子のどちらが受精しやすくなるかを決める膣の酸性度は、人によって違います。

ふだんから、膣内の酸性度が高めの人、低めの人もいます。また、一度のオルガスムスで、膣内がアルカリ性に傾く人もいれば、そこまで大きく変わらない人もいます。

ですから、ある程度、男の子が生まれやすい体質、女の子が生まれやすい体質というものは、あるかもしれません。

また、性生活のパターンによっては、男の子が生まれやすいケース、女の子が生まれやすいケースも、あるでしょう。

妊娠のしくみは、まだわかっていないことが多く、産み分けに100パーセントはありません。それでも、トライすることによって、希望する性の赤ちゃんが生まれる確率を高めることはできるでしょう。

Q　男系家族、女系家族というものはありますか。

A　医学的に解明されていませんが、そのような家系は存在するようです。

自然の出産では、基本的に、男の子105、女の子100の比率で生まれます。

男の子のほうが少し多いのは、男の子のほうが病弱で、早く死ぬ子が多いからです。男の子がやや多く生まれることで、のちに男女の人口比がほぼ1対1になるように、自然の摂理が働いているのです。

とはいえ、このような傾向は、全体的に見たときにいえることで、ひとつの家系だけで考えると、女の子または男の子ばかり生まれるという、性別が偏りがちな家系も、確かにあるようです。

有名なケースでは、アメリカで、256年にわたって男の子ばかり生まれつづけたという報告があります。

男系家族、女系家族が存在する理由は、医学的には解明されていません。

とはいえ、どちらかの性別が生まれやすい家系でも、産み分けにトライするなら、希望する性の赤ちゃんが生まれる確率を高めることはできるでしょう。

Q 年齢が上がると、産み分けは難しくなるでしょうか。

A 産み分けの成功率は、年齢は関係ありません。ただ、年齢が上がると、妊娠じたいしにくくなります。

赤ちゃんの性別は、精子の性染色体によって決まり、ご両親の年齢によって、どちらかの性の赤ちゃんが生まれやすくなるということはありません。

ただ、お母さんの年齢が上がると、妊娠しにくくなる傾向はあります。

すでに述べているように、卵巣の中にある原始卵胞は、一生、入れ替わりません。原始卵胞は、時間とともにどんどん減っていきます。原始卵胞が残り2000になると排卵は終わり、妊娠の可能性はなくなります。

では、排卵しているから妊娠できるかというと、難しいケースもあります。

現代人の生活には、たくさんの化学物質があふれていて、それらが体内に入ると、卵巣の中の原始卵胞が傷つくことがあります。

たとえば、本来40万個ある卵子が傷ついて20万個に減ったとすると、早く閉経する可能性が出てきます。また、ストレスでも活性酸素がたくさんつくられ、卵子を傷つけてしまうことがあります。

「もう少し新婚を楽しんでから」「もう少し仕事をしてから」と、妊娠を先延ばしにしていて、いよいよ赤ちゃんがほしくなったときには、妊娠しづらくなっている可能性もあります。

産み分け以前の問題ですが、赤ちゃんがほしいかたはなるべく健康的な暮らしをして、卵子を傷めないように気を配ることがたいせつです。

Q 夫が高齢です。産み分けできるでしょうか。

A 精子の機能は加齢とともに低下するので、女の子を産み分けたい場合は、少し難しいかもしれません。

年齢が高くなると、妊娠の条件が厳しくなるのは、女性だけでなく男性も同じです。

受胎のしくみについては、わからないことが多くあります。かつては、男性の年齢と生殖能力には、それほど大きな関連はないだろう、と考えられていました。ただし、現在では、男性も加齢とともに睾丸の機能が低下するので、つくられる精子の質が下がり、精子の数が減ることが指摘されています。

また、男性の場合、加齢とともに性欲も弱くなり、睾丸の中に精子がたまる期間が長くなる傾向があります。このとき、あとから補充される精子はY精子が多いので、結果的に、Y精子の割合が増えていきます。

その意味では、精子の割合を考えると、女の子の産み分けは、少し難しくなるかもしれません。

Q 食生活によって、産み分けすることはできますか。

A 医学的な確証はありません。偏った食事をするより、健康的な食生活を送るようにしましょう。

「女の子を産むには酸性の食べもの、男の子を産むにはアルカリ性の食べものを摂る」

という説もあります。これは、膣内のｐＨ値をととのえるという発想のようです。

ただし、食べものによって体液や血液が酸性やアルカリ性に変わる現象は、医学的には認められていません。実際には、食生活だけで、膣のｐＨ値に影響を与えるのは、なかなか難しいのではないかと思われます。

なお、精子に作用するという点から、産み分けに有効とされる食べものもあります。

たとえば、コーヒーに含まれるカフェインは、精子の動きを活発にするので、「男の子がほしいときは、セックスの前に男性がコーヒーを飲むといい」という説もあります。

確かに、カフェインは精子の動きに影響を与えますが、Y精子だけを活発にするわけではありません。ですから、理論上は、カフェインが産み分けに大きな違いをもたらすとは、考えにくいといえるでしょう。

もちろん、食生活がなんらかの理由で、産み分けに影響を及ぼしている可能性は、ゼロではありません。

ただし、食事は一人ひとり毎日違いますし、統計もとりにくいため、食生活と産み分けの関連を解明するのは、とても難しいのです。

現状で、産み分けに効果があるといわれる食事療法は、ただひとつ、リンカルだけです。

リンカルは、栄養補助食品として毎日摂取することによって、男の子が生まれる確率を上げることができます。ただし、100パーセント確実というわけではありません。

妊娠を希望するかたにお伝えしたいのは、産み分けを意識して偏った食生活をするより、健康的な食生活を送っていただきたい、ということです。

生殖機能を高めるとされる栄養素には、ビタミンEがあります。ビタミンEには血行を促進する作用もあり、冷え性の解消にも効果的です。

ビタミンEを多く含む食材には、ナッツ、すじこ、うなぎ、ホウレンソウなどが、あげられます。

また、亜鉛は、男性ホルモンの合成をうながし、精子をつくる能力を高めます。亜鉛が不足すると、勃起不全を起こすこともあります。

亜鉛を多く含む食材には、牡蠣《かき》、うなぎ、牛肉（もも肉）、レバー（豚、鶏）、大豆などがあります。

Q 海外では、人工授精によってほぼ確実な産み分けができるのに、なぜ日本では禁止されているのですか。

A 倫理的な問題がクリアされていないからです。

人工授精によって受精卵をつくり、遺伝子を調べて性別を確認してから着床させる、という方法は、技術的には可能です。遺伝子診断は性別だけでなく、受精卵の染色体異常を、着床前にほぼ確実に知ることができます。法的な見地からいうと、受精卵の選別そのものについて、日本で違法とする根拠はありません。

しかし、受精卵を人為的に選別することは、優生思想につながります。優生思想をよしとするかどうか、日本社会では、いまだ倫理的な考察が深まっていません。

そのため、受精卵の遺伝子診断については、日本産科婦人科学会が、望ましくないとの見解を表明しています。

産み分けの安全性

Q 産み分けしないほうがよい場合もありますか。

A **産み分けをすると、妊娠そのものの確率が下がります。妊娠しづらい人、妊娠の経験がない人は、その点をよく考えたほうがいいでしょう。**

産み分けは、赤ちゃんが授かるという前提でトライされるものですが、そもそも、必ずしも妊娠できるとはかぎりません。

産み分けのためのセックスには、希望しない性の精子が受精しないよう、さまざまな制限がかかりますから、妊娠のチャンスが減ってしまいます。

排卵が順調でも、産み分けによって妊娠するまで、何年もかかる人もいます。産み分けにこだわるうちに、出産のタイミングを逃してしまうリスクもあります。「どうしてもどちらかの性の子が必要で、別の性の赤ちゃんはいらない」というケースでないかぎり、高齢の人や早く赤ちゃんがほしい人は、その点をよく理解したほうがいいでしょう。

また、はじめての妊娠の人も、産み分けにこだわらないほうがいいこともあります。

というのも、産み分け中のかたが妊娠しない場合、それは不妊が原因なのか、産み分けのため妊娠の確率が減っているだけなのか、はっきりわからないからです。不妊には、自覚症状がありません。ほんとうは治療が必要な状態だったのに、産み分けにトライするうち時間がたち、治療に踏みきるのが遅れてしまうこともあります。

なお、「産み分けしないほうがいい」というより、「産み分けは難しい」のが、排卵リズムが一定でない人です。

基礎体温が不規則な人は、生活習慣を見直し、それでも改善が見られないようなら、クリニックを受診することを考えてください。

また、出産から間がなく、排卵リズムが乱れている人も、産み分けには少し日数を置いたほうがいいでしょう。

Q 産み分けによって、子どもや母体の健康を損ねる可能性はありますか。

A クリニックで指導される産み分けは、安全が確認された方法です。

この本で解説した、セックスのタイミング、体位、ゼリー、リンカル服用などは、母子に害を及ぼさず、安全と考えられています。

産み分けに効果があるパーコール法（X精子、Y精子を振り分ける）も、日本産科婦人科学会によって、安全性が確認されています。

Q 産み分けすると、生まれた赤ちゃんには、どんな影響がありますか。

A 赤ちゃんには、特に影響を及ぼさないと思われます。ただし、妊娠後、お母さんが性別にこだわりすぎて、不安を感じつづける状態は好ましくありません。

いまクリニックで推奨されている産み分けは、すでに安全性が確認されている方法なので、赤ちゃんに悪い影響を及ぼすことはないでしょう。

とはいえ、産み分けそのものというより、お母さんが妊娠中に「男の子（女の子）でなかったら、どうしよう」といったふうに、強い不安やストレスを感じつづけると、ホルモン分泌になんらかの変動が生じる可能性はあります。

ホルモン分泌は、おなかの赤ちゃんの脳の発達に作用するので、生まれたあとの気質や行動に影響が及ぶおそれは、ゼロではありません。

動物実験では、24時間縛りつけるなど、母体に強いストレスをかけると、生まれた仔《こ》の神経的な発育や行動に、異常が見られることがわかっています。

人間では、そこまでのストレスがかかることはまずないので、同じようには語ることはできません。

しかし、体を縛る鎖はなくても、こだわりや不安、つまり「心を縛る鎖」が、慢性的なストレスをもたらす可能性はあります。

赤ちゃんを授かったら、いのちの流れを信頼しましょう。

ありのままの赤ちゃんを受け入れて、ゆったりした気持ちで過ごすことが、もっともたいせつです。

Q 遺伝病の場合、産み分けしたほうがいいでしょうか。

A ご自身の人生観でお考えください。

血友病、色覚異常、筋ジストロフィーなど、ある種の遺伝病は、性染色体の遺伝子が原因で発症します。そのため、子どもにその病気が発症しないために、病気にかかりやすい性を避けるべく、産み分けを希望するケースもあります。

ご自分に遺伝病の素因があるか気になるかたは、遺伝子検査を受けるという方法もあります。ただし、検査する前には、専門家による遺伝カウンセリングを受けて、じゅうぶんな知識をもつことがたいせつです。

ちなみに、遺伝病を避けることを目的として産み分けをおこない、希望の性の子を授かったとしても、遺伝病の素因（本人には発現しない、劣性遺伝子）は、そのお子さんに引き継がれることがあります。

すると、その病気は、お子さんがのちに結婚したとき、お孫さんに発症するかもしれません。お子さんには、いずれその事実を伝えていく必要があるでしょう。

遺伝というテーマは、とても難しい問題です。染色体は人によって異なり、すべて完全に「正常」な染色体をもつ人はいません。

遺伝病というと、先天性の疾患をイメージする人が多いのですが、後年に発症する遺伝病もあります。自分は健康だと思いこんでいる人に、じつは気づいていないだけで、遺伝病があるかもしれません。

ひとりの個人として考えると、遺伝子がエラーを起こしうることは、病気や障がいなどのトラブルを引き起こす原因でもあります。

しかし、人類は、多様な遺伝子をもつことによって、環境の変化を生きのび、種としてのいのちをつないできたのです。

それぞれの違いを「異常」と見なすかどうかは、ただ本人の世界観にかかっています。

障がいがあっても、「障がいは不便だけど、不幸ではない」と考えるかたもいます。

「病気はいけないもの」と考えると、病気の因子は排除しようという発想になりますが、病気をもっていても、幸せに生きるかたもいるでしょう。

遺伝病と産み分けをどう考えるかは、ご自身の人生観を見つめ直すチャンスでもあります。

産み分けと家族

Q パートナーが産み分けに賛成しないのですが、どうしたらいいでしょうか。

A ご夫婦の話し合いが基本です。

産み分けは、切実に希望しているケースもあれば、ただなんとなく、というケースもあるでしょう。

あなたはなぜ産み分けをしたいのか、自分の心によく聞いて、理由をじっくり考えてみてください。また、パートナーがなぜ産み分けに反対するのか、相手の気持ちになって、よく考えてください。

おとなは、言葉をしゃべらない赤ちゃんと違って、お互いに会話することができます。これを機会に、気持ちを語り合う練習をしてみましょう。

そして、もしできるなら、生まれてくる赤ちゃんが、ご夫婦の話し合いをどう受けとめるか、想像してみてください。

赤ちゃんは、産み分けによってこの世にやって来ることに、賛成してくれるでしょうか。

きっと、ご夫婦それぞれに異なる、さまざまな答えが見つかることでしょう。

Q 夫に知られずに産み分けできる方法はありますか。あるいは、夫の負担が少ない産み分け方法があれば、知りたいです。

A タイミングの調整なら、ある程度コントロールできるでしょう。男の子を希望するなら、リンカルを服用する方法もあります。

一般に、産み分けのご相談は女性のほうが積極的で、男性からの要望というケースは、それほど多くありません。

子育ての主役は、たいてい母親なので、どんな赤ちゃんがほしいかについては、女性のほうが切実なのかもしれません。

産み分けにおいて、男性の禁欲や、ゼリーの使用については、男性の同意がないと難しいですが、セックスのタイミングの調整なら、女性ひとりでも、ある程度コントロールできるでしょう。

なお、男の子を希望するなら、2か月以上前からリンカルを毎日服用するという方法もあります。これは、女性ひとりでおこなうことができます。

男性が産み分けに消極的なとき、女性は不満かもしれませんが、その状況には、よい点もあります。

というのは、もし望んでいなかった性の子が生まれても、夫婦そろって落ち込むおそれがないからです。

そもそも、夫婦で協力して産み分けしたところで、必ずしも希望がかなうわけではありません。違う性の子を授かったとき、男性がその赤ちゃんを大らかに受け入れるなら、女性が気持ちを切り替えるきっかけになるでしょう。

Q 産み分けによって、夫婦仲が悪くなる可能性はありますか。

A 性の不一致を感じるようになるケースは、あるかもしれません。

産み分けする場合、セックスにはさまざまな制限がかかります。

ただ、セックスは本来、内なるリズムに則《のっと》っておこなわれるもので、夫婦が一体感の中で宇宙とつながるような営みではないでしょうか。

「赤ちゃんがほしい」という目的のもと、計画的におこなっていると、そのような一体感は体験しにくいのでは、と思います。

特に、ご夫婦のどちらかが産み分けに消極的なとき、「今日は排卵日だから」「いまは禁欲のタイミングだから」と、頭でコントロールしていくと、プレッシャーが強くなり、気持ちの高揚がそがれてしまうでしょう。

そのような日々が長く続き、うんざりしてしまったというお話は、不妊治療中のかたからお聞きすることがあります。

Q 私は産み分けしたくないのですが、夫や夫の家族に男の子を希望されていて、プレッシャーを感じています。

A できるだけ気にしないようにしてください。

「跡継ぎがほしい」というご相談は、かつてと比べれば激減していますが、いまでも旧家に嫁いだかたから、そのような悩みを伺うことはあります。

シンプルな答えですが、「気にしないこと」がいちばんです。

子育てするとだれもが実感するものですが、子どもは親の思うとおりには育たないものです。日々の暮らしの中では、想像を超えた出来事も起きます。子どもも状況もそれぞれ異なり、子育てに絶対の正解はありません。

問題にぶつかり迷ったときは、「自分にとって、ほんとうにたいせつなことは何か」という原点に立ち返る必要があります。周囲の言うことに振り回されず、肚《はら》を据えて、子どもと向き合わなくてはなりません。

プレッシャーを感じたら、「人の言うことをいちいち気にしない」練習だと思って、乗りきってください。

なお、お産のあとに、お義母さんから、

「『男の子だといいね』と言ったのは、ほんの軽い気持ちだったの。あなたがそんなに気にするなんて思わなかった。ごめんなさいね」

と言われて、拍子抜けした、というかたもいます。

もしかしたら、周囲の人は、それほど深い意味で言っているのではないかもしれません。その可能性も、少し考えてみてもいいかもしれません。

産み分けと「引き寄せ」

「引き寄せの法則」という言葉を、聞いたことがあるでしょうか。

人は、自分の注目している方向に、進んでいくものです。楽しいことに気持ちを向けていると、楽しみに気づきやすくなりますし、不快なことばかり気にしていると、不快な出来事が目につくようになります。

食事の準備をするとき、メニューを決めずに買いものをすることはないように、人生においても、自分が向かおうとしているゴールを設定することがたいせつです。

5年後、10年後の自分のすがたを思い浮かべたとき、どんな自分でありたいでしょうか。どんな家族と、どのように暮らしていたいでしょうか。

希望する状況を、なるべく具体的に思い描いていると、イメージが潜在意識にすりこまれて、未来にそんな現実を引き寄せやすくなります。

もっとも、生まれる前に、いま望んでいる性とは違う性の子と「親子になろうね」と約束している場合は、思い描いたイメージが、そのまま実現するわけではありません。

それでもケースバイケースで、交渉の余地があるときは、はじめの予定と違う性で生まれることを、お子さんが受け入れてくれるかもしれません。

雲の上で生まれるのを待っている子どもに、電話をかけるような気持ちで、望む未来をイメージしてみましょう。

執着やストレスにならない程度に、楽しんでみてください。

産み分けと心のこと

Q 女の子がほしいのですが、産み分けに踏みきることには、ためらいもあります。

A **産み分けしてもいいか、赤ちゃんに聞いてみてください。**

女の子がいいというのは親の都合ですが、子どもには子どもの、自分がどんな人生を歩みたいかという、都合があります。
生まれる前の赤ちゃんを思い浮かべて、語りかけてみましょう。
赤ちゃんのおへそと自分のおへそに、透明なへその緒をパチンとつなぐイメージ

を浮かべて、ニュートラルな気持ちで、

「女の子だといいなって思うのだけど、産み分けを試してもいい？」

と、質問するのはいかがでしょうか。

心を静めて、瞑想《めいそう》していると、イメージや言葉で、ふっと答えが返ってきます。

はっきりした確信があれば、そのまま受け入れてもいいし、もし気になる点があるなら、「自分の願望が混じっているかな」と、理性的に検証してもいいでしょう。

人生の選択には、客観的に正しい答えがなく、自分で決めていかなくてはならないことがあります。

そんなとき、自分の心に問いかけ、いのちの流れとコミュニケーションをして、直感を磨いていくことは、とてもたいせつです。

Q どうしても男の子がほしい私は、変でしょうか。

A わきあがるすべての思いは、自然なものです。素直に感じるといいでしょう。

どんな思いも、自然に浮かんでくるものを、変だとか悪いとか決めつける必要はありません。願望がかなうかどうかは、また別のことですが、思いはあえて封じこめず、素直に感じてみましょう。

たいせつなのは、どうしてそう感じるのか、自分に問いかけて、じっくり考えてみることです。

どうしてもどちらかの性の子がほしいというときは、何か理由があるのでしょう。

「母は兄ばかりかわいがり、私のことは知らんぷりでした。赤ちゃんが女の子なら、かわいがる自信がありません」

というかたもいました。

自分のこだわりがどこにあるのか。ほんとうはどんな生き方がしたいのか。そのこだわりをもちつづけることが、今後の生き方にプラスになるかどうか。

子育てという一大事業を始める前に、心を見つめるチャンスを得たと考えて、自分のこれまでとこれからを、じっくり感じてみてください。

Q おなかの赤ちゃんが希望する性でない場合は、人工流産したいのですが。

A 日本では法律上、認められていません。

人工流産（中絶）が認められるのは、身体的・経済的理由により妊娠の継続が難しい場合か、暴行や脅迫によって妊娠した場合のみです。また、妊娠22週以降は、いかなる理由があっても、中絶できません。

なお、妊娠12週から21週の赤ちゃんを手術で外に出すときは、死産届を提出し、火葬をおこないます。

胎児の性別は、妊娠21週でもはっきりわかるかどうか、ぎりぎりのところです。性別を理由にした中絶は、おこなうことができません。

Q 高齢出産なので、障がい児が生まれるかもしれないと思うと、妊娠そのものにためらいを感じます。

A **人生にはいろいろなリスクがあります。自分の人生を生きましょう。**

高齢の妊娠はリスクが高いので、ためらわれるお気持ちもわかります。

通常の妊婦健診でも、エコー検査で大きな奇形はわかります。また、いくつかの疾病《しっぺい》については、出生前診断を受けることもできます。

もっとも、すべての障がいがわかるわけではありません。誕生のときは健康でも、発育の途中で病気や障がいがわかることもあります。

人はつい、昨日と同じ明日が続くように思いがちです。けれど、ほんとうは、私たちは明日の自分のいのちもわからないところに生きています。

健康な子が生まれても、のちに大病を発症するかもしれません。事故に巻きこまれて、後遺症が残るかもしれません。

将来のことは、だれにもわからないのです。

お産は、そんな人生のありのままのすがたを目にする、たいせつな節目です。お産は、安全を保証されたテーマパークのアトラクションではありません。医療が整備された現代の日本でも、年間50人くらいのかたが、お産で亡くなっています。

どんなお産になり、どんな赤ちゃんが生まれるか、すべてをコントロールすることはできません。

人生をどう選びとっていくか、最終的には、本人の覚悟しだいです。

たとえば、飛行機には、墜落のリスクがゼロではありませんが、あなたは飛行機に乗るでしょうか、それともやめるでしょうか。

赤ちゃんは授かるかもしれない、授からないかもしれない。生まれる赤ちゃんには、障がいがあるかもしれない、ないかもしれない。

航空事故が怖い人が空の旅を避けるように、障がい児が生まれることを恐れるなら、赤ちゃんを生まないという生きかたもあります。

Q 希望の性の赤ちゃんでなかったとき、どんなふうに気持ちを切り替えればいいですか。

A 立場を変えて、考えてみましょう。

親は子どもを一方的に選ぶ立場と考えがちですが、発想の転換をしてみましょう。

お子さんに、「希望する性格のお母さんじゃなかったけれど、どうしたら気持ちを切り替えられるかな」と言われたら、どう感じますか。

「想像していた性格じゃなかったけど、お母さんが大好きだよ。いまのお母さんが、大好きだよ」と言われるほうが、うれしいのではないでしょうか。

私は講演会で、こんなふうにお話しすることがあります。

「女の子を希望していたかたに、男の子が生まれたとしましょう。その子が大きくなって、性別の違和を感じるようになり、やがて性転換手術をして、実家に戻ってきたらどうでしょうか。想像してください」

わが子が自分らしく生きることを、こころよく応援したい、と思うかもしれません。ただ、そのとき、かつてを振り返って「私は女の子がほしかった。やっと願いがかなった」と、喜ぶでしょうか。

もしそうでないなら、「女の子がほしい」という気持ちは、それほど深刻なものではなかったのでは、と思います。

この世に生じるあらゆることには、すべて意味があります。

なぜその子があなたのもとにやって来たのか、よく考えてください。赤ちゃんを見つめ、赤ちゃんに問いかけ、インスピレーションで会話してみましょう。

子どもたちに「生まれる前のこと」を聞いていると、「お母さんが子どものころから、お母さんのところに生まれたくて、待っていた」というお子さんもいます。そして、その子がすでに、自分の性を決めているケースもあります。

お子さんにはお子さんの、その性として生まれる、理由があります。そのお母さんにも、その子の親となる、理由があります。

もしかしたら、親が望んでいたのと違う性の子として生まれることじたいに、意味があるのかもしれません。

大きないのちの流れを信頼し、お子さんを授かったことじたいを、どうか喜んでいただきたいと思います。

Q 希望する性の子でないとき、正直なところ、私はがっかりしてしまうと思います。赤ちゃんに対してどんなフォローをしたらいいですか。

A **思いどおりでないからこそすばらしく、あなたにぴったりの赤ちゃんです。そう理解して、赤ちゃんと向き合っていきましょう。**

望んだ性の子でないとき、ちょっぴり残念に思うのは、自然な心の動きです。ただ、「どんなフォローをしたらいいか」と、赤ちゃんの気持ちを考えることは、とてもたいせつです。

子宮や卵巣の病気をした女性とお話しすると、

「私の親は、ほんとうは男の子を望んでいました。『あなたが生まれてがっかりした』と言われました」

と語られることがあります。

赤ちゃんが周りのおとなの気持ちを感じとり、それが心身の発育になんらかのストレスを及ぼすことは、じゅうぶんに考えられます。

子育ては、そもそも思いどおりにいかないものです。

そして、思いどおりにならない子だからこそ、親は子どもから多くのことを学び、世界観を豊かにしていくのです。

性別にがっかりしたとしても、それはこれから長く続く子育てで、思いどおりにならないことのほんのひとつにすぎません。

望んでいなかった状況から、何を学んでいくか。そこに人生の意味があります。

その視点を忘れずに、気づきのチャンスをくれた赤ちゃんに「ありがとう」の気持ちを伝えてください。赤ちゃんもきっと、わかってくれるでしょう。

その他

Q 産み分けをすると、男女の人口比が変わってしまうのではないでしょうか。

A 日本の状況では、極端に変わることは考えにくいです。

出生における男女比は、人類が子孫を残す最良の比率として、自然の摂理が長期間かけてつくりあげてきたものです。

男の子は女の子より体が弱く、亡くなる子が多いため、男の子105、女の子100の比率で、ほんの少し男の子が多く生まれ、後年、男女比がほぼ1対1になるように調整されています。

中国のように、ひとりっ子政策をとっていて、しかも男の子が熱烈に望まれている社会では、産み分けすると男の子の比率が高まると思われます。

ただし、現代の日本では、産み分けにトライする人にアンケートしても、男の子と女の子のどちらを希望するか、大きな偏りはありません。

全体的に見ると、いまの日本で、産み分けが人口比に影響を及ぼすことは、まずないと考えられます。

Q 産み分けは、生命倫理的に問題ないでしょうか。

A 生殖医療にどこまで人為的に介入するかによって、倫理的な問題が生じることもあります。

この本で紹介した、セックスのタイミング、体位、ゼリー、リンカル服用といった、自分でコントロールできる範囲なら、倫理的な問題はないと私は思います。

ただし、受精と着床に、どこまで人為的な介入をするかによって、倫理的な問題が生じる可能性はあります。

人工授精するにしても、100パーセント人為ではなく、人の手の及ばない、自然の摂理が働く余地を残すことがたいせつだと思います。

特に、遺伝子については、人間がむやみに触ってはいけない領域です。生殖医療に遺伝子レベルの操作を加えるのは、やはり大きな問題でしょう。

「男の子がほしい」「女の子がいい」と思うのは、ごく自然なことです。

しかし、そう願うことと、「人工授精ののち、遺伝子診断をして、望まない性の受精卵なら棄てる」ことには、決定的な違いがあります。

属性によって、「要る人間」と「要らない人間」を選別することを認めるなら、究極的には、自分自身も、権力ある外部の力によって選別されることを受け入れることにつながります。

たとえば、国に「女（男）は、収容所に行きなさい」と言われたとして、それを従順に受け入れることができるでしょうか。

「自分がされて不快なことは、他人にも強《し》いないこと」は、人生の原則ではないか、と私は思います。

倫理的なテーマは、その人の人生観において問われるべきもので、絶対に正しい客観的な答えがあるわけではありません。

善悪の概念は、社会のマジョリティの価値観を反映して、地域によって異なり、また時代とともに変わっていきます。

たとえば、中絶を「殺人」と見なす人もいれば、「女性の権利」と主張する人もいて、いまも論争は続いています。

本来、生命倫理は、多数決で定めることではなく、自分の心の「神さま」に問いかけ、内省しながら、一人ひとりが深めていくことです。

自問自答を繰り返しながら、自分の歩むべき道を選びとっていくことが、人生に責任をもって、生きていくことではないでしょうか。

なかなか赤ちゃんが来ないとき

産み分けをしていると、なかなか妊娠しないことがあります。

特に、**ご本人が生まれる前に「子どもをもたない」と決意している場合は、妊娠そのものが難しいことがあります。**

退行催眠という、潜在意識を読みとくセラピーでは、「過去生で、貧しいのに子だくさんで苦労したから、子どもはもう要らない」と決めたことを、思い出す人もいます。

そういった場合は、セラピーなどによって潜在意識に働きかけ、思いを変えていく必要があるでしょう。

子どもたちに、生まれる前の記憶を聞いていたとき、

「前は、男の子だった。ママが『女の子がいい』って言ったから、雲の上に帰ったの。女の子になって、また来たよ」

というお子さんがいました。

お母さんに伺ったところ、その子が生まれる前、性別はわからないものの、流産した子がいたそうです。

流産の理由は、子どもによって異なります。違う性の子を親が望んだために、流産になるケースばかりではありません。

それでも、歓迎されていない場所では長居しにくいように、ご両親の望みとは違う性の子にとっては、おなかの居心地はあまりよくないかもしれません。

「いますぐ妊娠したい」とか「男の子がほしい」というのは、おとなの都合です。でも、**赤ちゃんには赤ちゃんの都合があり、この世に来るタイミングがあります。**

私は、「お母さんは旅館の女将《おかみ》さんで、赤ちゃんはお客さん」という、たとえをつかうことがあります。

お客さんに早めに来てもらうには、「ぜひ泊まりにきてください。こんなにすてきな旅館です」と、ダイレクトメールを送る方法もあります。それが、「子どもを授けてください」という、祈りにあたります。

さらに、お客さんを呼びこむには、畳を張り替えたり、ふとんを準備したり、おいしい料理のしたくをしなくてはなりません。それが、「母性を育てる」ということです。

母性の本質は、あれこれ条件をつけることなく、ただ赤ちゃんを「かわいい」と思う気持ちです。

女将さんが「お行儀がわるいかたは、宿泊をご遠慮ください」などと条件をつけていると、お客さんにとっては、かなり敷居が高いでしょう。

高価なバッグをほしがるように赤ちゃんをほしがるのではなく、純粋に「かわいい」という気持ちを育《はぐく》み、楽しみに待っていると、赤ちゃんは宿りやすくなります。

母性を育むには、こんな方法があります。

親戚《しんせき》や友人の、生後3か月くらいの赤ちゃんを、30分くらい抱っこさせてもらうのです。わが子のように思いながら、「かわいい」という実感にひたりきると、妊娠しやすくなるそうです。

幸せな子授けのおまじないです。ぜひお試しください。

第4章

男の子で生まれる？女の子で生まれる？

雲の上でママを見ていたときのこと

小さな子どもは、胎内記憶だけでなく、**お母さんのおなかに宿る前の記憶**について、語ることがあります。

そんな子どもたちは、生まれる前、「雲の上」「魔法の国」「空の上」などからこの世を眺めていた、といいます。

子どもたちは、ふわふわした居心地のいい場所で、神さまや天使に見守られて、のんびり過ごしています。やがて生まれることを決めて、**地上をよく見て、お母さんを選んでやって来る**そうです。

「雲の上には、小さい子どもがいっぱいいて、大きい人がお世話してくれて、小さい子たちは空の上から見て、あの家にするっておりていく。

ぼくも、お母さんのいるところに決めた」（3歳、男の子）
「ぼくね、光だったよ。光のお友だちがたくさんいた」（4歳、男の子）
「魔法つかいに連れられてきたの。きらきらしてあったかい道を歩いて。眠くなると、魔法つかいが抱っこして、飛んでくれた。決められた道を、決められた赤ちゃんが行くんだよ。ぼく専用の道なんだ」（4歳、男の子）
「長い、長い、すべり台をすべってきた。あお向けに足からすべってきた。すべり台は虹《にじ》色に光っていて、熱かった。地球が見えてきたから、もうすぐお母さんのところに着くと思った。途中で分かれ道があったけど、迷わずにまっすぐ来た」（5歳、男の子）

子どもたちが雲の上から楽しそうに地上を眺めて、生まれるお母さんを選んでいるところを想像すると、ほほえましく思います。

人気があるのは「優しそうなお母さん」ですが、「かわいいお母さん」や、「悲しそうにしているから、励ましてあげたいお母さん」も、子どもたちの目を引くそうです。

母と子は、生まれる前からきずなで結ばれています。

子どもの意思を尊重して、その尊厳をたいせつにして子どもと向き合うなら、きっと実りある子育ての日々が始まることでしょう。

生まれる前に性別を教える子もいる

妊娠中は、直感がとぎすまされる傾向があります。

ふいに名前を告げる子どもの声が聞こえて、おなかの赤ちゃんが語りかけてきたのを感じたというお母さんは、めずらしくありません。

夢で赤ちゃんの姿を見たり、子どもが「ぼく」「わたし」と名乗って性別を伝えたりしたときは、イメージどおりの赤ちゃんが生まれることが多いようです。

あるかたは、妊娠5か月のとき、印象的な夢を見ました。夢の中で、そのかたは、「神さまと約束しているよ。生まれるときは、男だって」という声を聞きました。そして生まれたのは、ほんとうに男の子でした。

おなかに宿る前の子どものたましいから、話しかけられるかたもいます。

あるかたは、犬を散歩させているとき、心の中にとつぜん男の子の名前が響いてきました。ふしぎに思っていると、そのすぐあとに妊娠しました。

そして生まれたのは、やはり男の子でした。

別のかたは、はじめての赤ちゃんの子育てに忙しい日々を送っていたとき、

「わたし、お母さんから生まれたいの」

と、知らない女の子に話しかけられる夢を見ました。

そのかたは、難産を経験したばかりだったので、

「高齢出産になるし、たいへんだなあ」

と、ためらっていると、その女の子は、

「わたし、どうしても、生まれたいの」

と主張しました。そのかたが、

「わかった。でも、もし来るなら、早くしてね。2か月だけ待ってあげるね」

と言うと、女の子はうなずきました。

そしてその翌月、ほんとうに赤ちゃんを授かり、女の子が生まれたのです。

生まれる前にお母さんに会いにくる子

光の玉を見たり、夢の中で子どもと話したり、日中ふいに子どものイメージが浮かんだりしてから、赤ちゃんを授かるかたもいます。

お子さんが未来のお母さんに会いにくるのは、妊娠の直前のこともありますが、それよりずっと前のこともあります。

「お母さんが子どものころ、ようすを見にいった」

というお子さんもいます。

なかには、実際に、生まれる前の子どものたましいとコミュニケーションしたのではないか、と思わされるケースもあります。

たとえば、お子さんが大きくなってから、

「お母さんの夢に遊びにいったよ」

と語り、そのときのお母さんのようすを言い当てることもあります。

また、どうしてもこの人がお父さんであってほしいと思って、「自分がお母さんとお父さんを結婚させた」と話す子もいました。

愛の天使キューピッドは、赤ちゃんの姿で描かれることがあります。もしかしたら、「このカップルから生まれたい」と願ったたましいが、ふたりを結びつけていることを表しているのかもしれません。


あるかたは、中学生のころ、ふしぎな夢を見ています。

夢の中で、そのかたは自宅の2階で眠りながら、庭に男の子と女の子が立って、部屋を見上げていると感じました。

男の子は10歳、女の子は6歳くらいで、身長差がありました。

ふたりはいつの間にかそのかたの横に立って、おなかをぺたぺた触りはじめ、そこでそのかたは目が覚めたのです。

その後、そのかたはおとなになり、結婚して息子さんと娘さんを授かりました。

そして、お子さんが夢の子たちと同じくらいの年齢になったとき、ふと、夢のふたりの身長差が、息子さんと娘さんの身長差とほぼ同じであることに気づいたのです。

お子さんたちは、生まれる前のことをよく覚えていて、お母さんに会いに行ったときのことを話してくれました。

息子さんはいいます。

「雲の上で、妹と遊んでいたことは、覚えていない。でも、いっしょにお母さんを見にきたことは、ちょっと覚えている。お母さんは中学生くらいで、寝ていた。

そのあとは、『この人がいいかなあ』って、ひとりで何回か見にきた。

生まれてくる前、まだお母さんのおなかの中にいなかったとき、お母さんの後ろを飛んで見守っていたのも、覚えている。お母さんがお父さんとつきあっていたときかな。話しかけたけど、気づいてもらえなかった」

娘さんは、こう語ります。

「生まれるって決めているときは、羽根が生えていて、窓の外からお母さんを見ていたと思う。お母さんは、高校生か中学生くらいだった。
お母さんはベッドで寝ていて、ぼくとお兄ちゃんは窓の外に浮かんで、『どうしようかなあ』って見ていた。
生まれるのを待っている時間は、お兄ちゃんと遊んでいた。それで、1分か2分くらいお母さんを見ていて、『もう行こうか』って、お兄ちゃんが先に行っちゃった」

ふたりは「会いに行ったとき、お母さんはこういう柄のパジャマを着ていた」と説明しました。

お子さんにいわれて、そのかたは、中学生のとき確かにその柄のパジャマを着ていたことを思い出したそうです。

このケースでは、**この世に来るずっと前から、子どもたちはお母さんを決め、兄妹として生まれようとしていた**ことになります。

性別はなぜあるのか

ところで、お母さんの夢に現れた兄妹のエピソードについて、私がインタビューしたとき、娘さんはご自分を「ぼく」と呼んでいます。

それは前の過去生で男の子だったときの記憶が、はっきりしているからだそうです。

娘さんは私に、そのときの人生で、信号無視の車にひかれて亡くなったときのことを、詳しく話してくれました。

このように、いまの体の性と、過去生の性が違うことは、よくあります。

私の知人は、女性でありながら、

「輪廻転生では、ずっと男として生きてきた。今回はたまたま女に生まれたけれど、男のときの習慣が抜けない」

といい、ご自分を「わし」と呼ぶときがあります。

また別のケースで、生まれる前のことをとても詳しく覚えているお子さんがいます。

その子は、前の人生で亡くなったあと、いまの自分として生まれるまでのあいだ、雲の上で仲良しになった女の子がいたそうです。

「同じところに生まれよう」と約束したので、その子は妹の誕生を心待ちにしていました。ところが、生まれたのは弟でした。

その子は「どうして男の子なのかな」と、ふしぎに思ったそうです。

そして気づいたのは、弟さんはひとつ前の過去生で女の子だった、ということでした。けれど、新しい人生では条件を変えて、男の子として生きることにしたようです。

このような話を聞くと、体の性別とは関係なく、人の心には、男性性と女性性のふたつが備わっているのだろう、と考えさせられます。

ではなぜ、体には性別があるのでしょうか。

有性生殖は、男性と女性の遺伝子を半分ずつ、子に受け継がせることができます。これは、強い遺伝子の組み合わせをつくりだすのに有利です。

もちろん、弱い遺伝子を継がせてしまうこともありますが、男性からも女性からも弱い遺伝子を継いだ子は、成長せずに淘汰《とうた》されます。

人類は、ふたつの性をもつことによって、多様な遺伝子の組み合わせを生みだし、環境の変化に適応しつつ、進化してきたのです。

このことは、人類だけでなく、生物全般にあてはまります。

自然界では、外敵がいない平穏な環境では無性生殖するものが多く、生存環境が厳しくなるほど、有性生殖するものが増えるという傾向があります。

もっとも、性は、雌/雄のように、個体によって完全にふたつに分別できるわけではありません。

生物によっては、両性具有だったり、環境の変化にしたがって性別を変えたりするものも、たくさんあります。

同じように、人間の性も、男／女というように、はっきりと分けられるわけではありません。**性は個人によって、まさに多様なあり方をしています。**

たとえば、性の発育が非定型だったり、性分化があいまいだったり、自ら感じる性別が時期によって入れ替わるかた、体の性と心の性がずれているかたもいます。

性染色体の組み合わせは、XY（男性）、XX（女性）のどちらかがほとんどですが、XXY、XXX、XOなどの組み合わせをもつかたもいます。

このゆらぎは、人類が有性生殖をしているかぎり、確率は低くても、必ず発生しうるものです。

性染色体がマイナーなパターンは、不妊の原因を調べたときに、判明することもあります。しかし、本人も気づかないまま子どもを授かり、ふつうの男性（女性）と変わりなく暮らしているかたもいます。

日本生命倫理学会初代会長の星野一正先生（京都大名誉教授）は、性分化疾患の

赤ちゃんを診察してきたご経験から、「**ヒトを男女に二分して性別を正確に決定する基準を設定しようとすること自体が不可能に近い**」と指摘しています。

さらに、身体的な性別だけでなく、社会的な意味での男女のイメージも、時代とともに変化し、ゆらぎつづけています。

たとえば、狩猟社会のように、自然界でいのちの危険にさらされているときは、男性は筋肉隆々として部族を守り、女性は多産といったように、性差がはっきりしているほうが、種の保存に有利になります。

ただし、現代日本のように、腕力によらなくても生計を立てることができ、核家族で子育てをしなくてはならない社会では、女性のような心遣いのできる男性のほうが、子育てにはプラスになるでしょう。

多様性を生きる

二元性によって対立が生じ、さらに、そのどちらにも属さないものが見いだされて、さらなる多様性が生まれる。そのしくみは、「宇宙に、いのちはなぜ生まれたか」というテーマとかかわっているように思います。

おそらく、原初の宇宙とは、明も暗もなく、上も下もない、すべてがひとつに融合した世界だったのではないでしょうか。

すべてがひとつという世界は、対立も争いもなく、平穏かもしれません。ただ、おそらく、とても退屈だったのです。

あるとき宇宙は、自分自身を知りたい、と願ったのでしょう。そして、自分自身を経験するために、対立する要素、つまり二元性をつくりだしたのだと思います。

「人間は、宇宙のプローブ（測定器の探針）のようなものだ」という説を、聞いたことがあります。

一人ひとりの人生体験は、宇宙にそっくりフィードバックされて、宇宙の知恵を豊かにします。宇宙にたくさんの情報を届けるためには、人の個性も経験も、さまざまなバリエーションがあることが望ましいのでしょう。

原初の宇宙は、すべてがひとつの平穏な世界だからこそ、二元性や対立から宇宙は学びたいのかもしれません。

クリニックで診療していると、お母さんたちから、「夫が私のことをわかってくれない」という嘆きを伺うことがよくあります。

お話を聞いていると、男女の感覚や思考パターンの差にも、すれ違いの原因があるように感じます。前述したように、男性と女性は、脳の構造が違います。女性は、左脳と右脳をつなぐ脳梁が太く、男性は脳梁が細いのです。左脳は言語や推理をつかさどり、右脳はイメージや直感をつかさどります。

そのため、男性は、限定された状況において理詰めで考えることが得意ですが、女性はものごとを全体的にとらえ、感情表現が豊かだという傾向があります。

さらに、性差を超えた個人差も、かなり大きいものです。

それを考慮すると、夫婦は言葉で会話できるために、お互いをわかったつもりになりながらも、感覚的なところは、じつはきちんと伝わらないことのほうが多いのではないでしょうか。

興味深いことに、第三者から見ると、夫婦はまったく正反対の性格をしていることが多いものです。本人としては、自分から見える世界こそ「正しい」ので、

「どうしてわかってくれないのだろう」

「なぜあんなふうにふるまうのだろう」

という不満や苛立《いらだ》ちになるのですが、その「ずれ」こそ、多様性を体験させてくれるのだと思います。

一人ひとりに見える世界は、ごく限られた範囲でしかありません。

けれど、**自分と相手の感じ方、考え方が違うからこそ伝え合い、お互いに理解しようと努力することによって、私たちは視野を広げていくことができる**のです。

わが子はあなたにとって最高の子ども

そんな夫婦のもとに、あるとき赤ちゃんがやって来ます。

赤ちゃんはまた、親と別の感覚と発想を宿していて、子育ては思いどおりにいかないことの連続になります。けれど、母親、父親、子どもが、それぞれぜんぜん違う世界を見ることによって、家族全体としては、視野を広げることになります。

人生は、そもそも、計算どおりにはいかないものです。いのちは、人知を超えた何かによって、育まれています。

ご紹介したいのが、iPS細胞について、研究者から伺ったエピソードです。

iPS細胞は、多くの細胞に分化する分化万能性があるとされています。

ところが、肝臓を再生しようとして、培養液の中で肝細胞をつくっても生体に移植できるようには、血管がうまく再生されず、移植はできません。

ところが、すでにある肝臓の表面に肝細胞の芽をつけると、ひとりでに増殖して、血管系も再生されていくのです。

つまり、人間がすべてをコントロールして臓器をつくることはできないけれど、細胞の芽を、すでに人間の中にある臓器に移植して、自然の力に任せるとうまくいく、というわけです。

自然は、人知の及ばないほど、精緻《せいち》にできています。細胞たちの中には知恵が宿っていて、お互いに情報を交換し、コミュニケーションをとりながら、体をつくろうとしているのです。

同じことは、人間社会にも当てはまるのではないでしょうか。

社会には、さまざまな人がいて、ネットワークをつくっています。いろいろな仕事があり、まちまちの価値観があり、コミュニティをかたちづくっています。

多種多様な人たちが混じりあっていることで、社会全体が有機的に機能しているのでしょう。

小さな社会である家庭も、それは同じです。お父さん、お母さん、子ども、それぞれの感覚や発想を、お互いに尊重し、違いを楽しむところから、コミュニケーションは始まります。

どちらかの性の子がほしいという願いは、自然な思いですが、**生まれようとする子にも意志があり、それを尊重することは、とてもたいせつ**です。

しかも、子どもが生まれるのは、本人が望むからだけではありません。

神さまに「生まれていいよ」と言われ、お母さんが心の奥深くで「来ていいよ」と認めたときに、赤ちゃんはおなかに宿るのではないかと、私は感じています。子どもたちは、よく、

「雲の上には、生まれる順番を待っている子が、いっぱいいるよ」

と、教えてくれます。

この世の人生には、しばしばたいへんなこともありますが、生まれる前のたましいにとっては、楽しい冒険に見えるのかもしれません。

私は、こんなふうに想像することがあります。

子どもみんなが生まれることはできないので、グループのひとりが、「代表として、行ってくるね」と、この世に降りてくるのではないか、と。

そして、その子がこの世で体験したすべてのことが、雲の上で見守っている子どもたちの、たましいの糧になるのではないか、と。

受精のときは、無数の精子のうちのたったひとつが、卵子と結合し、新しいいのちとして育まれます。

同じように、雲の上の世界でも、たくさんのたましいのうちのたったひとつが、代表選手として、この世にやって来るのではないでしょうか。

お母さんは、目の前の子どもだけを見て、わが子と思っているかもしれません。けれど、その後ろには、生まれたかったたくさんの応援団が、わくわくしながら、新しい人生の冒険を見つめているのです。

その意味で、すべてのお子さんが、選ばれた子、恵まれた子であり、幸運の子です。かけがえのない宝物を、どうぞたいせつにお育てください。

あなたはわが子にとって最高のお母さん

待望の赤ちゃんを授かっても、穏やかな喜びにひたる時間はつかのまで、子育てが始まると、大忙しの日々が続きます。

赤ちゃんを健診に連れてくるお母さんの中には、疲れきって笑顔をなくしているかたもいます。

そんなとき、私は「1日1回でいいから、楽しいことを見つけて、笑ってくださいね」と、お話ししています。

いまたいへんなことも、時間がたつと、いずれ思い出に変わります。

やんちゃなわが子に手を焼いていたお母さんも、子どもが巣立つときは、「小さいころはとてもかわいかった。毎日駆けずりまわっていたけど、充実した日々でした」と、なつかしむものです。

まじめなかたほど、「よいお母さんにならなくては」と思いつめ、ほほえむゆとりをなくしてしまいがちです。

「子どもには、ああすればよかった。ああしなければよかった」

「母親が私でなかったら、子どもはもっと幸せだったかもしれない」

と、後悔して落ちこむかたもいます。

ただ、子ども本人は、「いまのこのお母さんがいい」と思っているはずです。

というのも、生まれる前の記憶を調査していると、

「お母さんに笑ってほしくて、生まれてきた」

「お母さんの役に立ちたくて、生まれてきた」

というお子さんが、たくさんいるのです。

子どもは、お母さんに幸せを運びたくて、雲の上からやって来ます。

その幸せとは、たんに平穏な暮らしという意味ではありません。さまざまな葛藤も、その体験を通して成長するための、プレゼントです。

子どもが生まれ、実際に子育てが始まると、理想と現実のギャップを感じ、至ら

ない母親なのではないかと悩むお母さんがたはほんとうに多いのです。

でも、いわゆる完璧《かんぺき》なお母さんなら、子どもがわざわざ雲の上からやって来る必然性はありません。子どもは、ともに学び、気づきを深め、人生を味わうために、ぴったりのお母さんを選んで、生まれてくるのです。

人生のごたごたをいっしょに体験して、たましいの成長をとげたいという子どもの望みをかなえてくれるお母さんは、すばらしいお母さんです。

「完璧なお母さん」が、いいお母さんなのではありません。

ときに悩み、迷い、とほうにくれる、そんなあなたが、最高のお母さんなのです。

完璧なお母さんだったら、子どもは来る必要がありません。学べないお母さんだったら、子どもは来る必要はありません。

いまのそのままのあなたが、いちばんいいお母さんなのだと思います。

人生のシーンは、つねに変わりつづけます。子育ては、その最たるものです。

おむつを替えていたと思ったら、歩きはじめる。おっぱいをあげていたと思ったら、ごはんを食べるようになる。はいはいしていた子が、立ちあがり、走りはじめます。

季節がめぐるたび、人生には、新しい大きな波がうち寄せるでしょう。人生には、次々と課題がふりかかり、それを乗りこえるようになっているのです。

次は、どんな波がやって来るでしょうか。

楽しみに待ち、サーファーのように乗りこなしましょう。大きな波ほど、それに乗ったとき、きっと爽快《そうかい》に感じられるはずです。

出来事には、すべて意味があります。そのときは、いやな体験と思っても、あとになれば必ず、いい体験だったとわかります。

他人からの評価は必要ありませんし、他人を評価する必要もありません。

もちろん、周りの目が気になる自分がいたら、それはそれでいい。**ありのままの自分で、心に偽りなく生きていいのです。**

もし、あなたが、「赤ちゃんに来てもらいたい」と、人生の大きな決断をしようとしているなら、**いまこの瞬間を、どうぞ楽しんでください。**

どんな子育てをしたいかを思い描き、赤ちゃんがやって来るのをわくわくしながら待ち、そして生まれても生まれなくても、どちらの性の子が生まれても、いずれにせよ、あなたの人生は、祝福されています。

ありのままのあなたが、ありのままのお子さんと出会い、すばらしい人生を歩まれることを、願っています。

[著者プロフィール]

池川明（いけがわ あきら）

1954年東京都生まれ。池川クリニック院長、医学博士。

帝京大学医学部大学院卒、上尾中央総合病院産婦人科部長を経て、1989年横浜市に産婦人科の池川クリニックを開設。年間約100の出産を扱い現在に至る。1999年より「胎内記憶」に関する研究を始め、国内外の第一人者として知られる。その成果を医療の現場に活かし、母と子の立場に立ったお産と医療を実践。2001年9月、全国の保険医で構成する保団連医療研究集会で「胎内記憶」について発表し、それが新聞で紹介され話題となる。2002年から2003年にかけて、約3500人の児童を対象に、胎内記憶や誕生記憶についてのアンケートを実施、大きな成果をあげた。

現在、お産を通して、豊かな人生を送ることができるようになることを目指し、活動中。「胎内記憶」や「幸せなお産」などをテーマにした講演会やセミナーを年間数十回行うだけでなく、多くのメディアからも取材を受けている。

池川クリニックHP
http://www1.seaple.icc.ne.jp/aikegawa/

本書の制作に際し、貴重なご意見をくださったみなさん

天沼幸子さん　ジュラヴリョフ愛里さん　本崎祐子さん
石田恵海さん　チョードリー智香さん　山田奈央子さん
磯部らんさん　辻村あいさん

参考文献

『ラングマン人体発生学　第10版』安田峯生 監修／メディカル・サイエンス・インターナショナル
『マンガでわかる！ 男女産み分け完全ガイド』杉山力一 監修／主婦の友社
『図解 女の子・男の子の生み分け方』原利夫 著／池田書店

編集協力／矢鋪紀子
装丁／生沼伸子
装画／高橋和枝
本文イラスト／かまたいくよ
本文フォーマット／松好那名（matt's works）
本文 DTP ／山口良二
校正／鷗来堂、広瀬泉

男の子が生まれるママ　女の子が生まれるママ

2015 年 4 月 21 日　初版発行

著　者　池川　明
発行者　太田　宏
発行所　フォレスト出版株式会社
〒 162-0824　東京都新宿区揚場町 2-18　白宝ビル 5F
電話　03-5229-5750（営業）
03-5229-5757（編集）
URL　http://www.forestpub.co.jp
印刷・製本　中央精版印刷株式会社

ISBN978-4-89451-661-8　Printed in Japan

4万部突破！

0〜18歳まで全教科対応！

子どもが勉強好きになる子育て

もう、「勉強しろ！」と
言わなくていい！

脳科学と臨床心理学で
自分から机に向かいだす

諏訪東京理科大学教授
篠原菊紀 著

定価 本体900円 ＋税

ISBN978-4-89451-946-6

テレビや雑誌で話題の脳科学者が教える！

「どうしたら子どもが勉強するようになるの？」

「宿題くらいは毎日やってほしい！」

「志望校に合格してほしい！」

「おちこぼれてほしくない！」

「稼げる大人になってほしい！」

読者限定!

男の子が生まれるママ
女の子が生まれるママ

無料プレゼント

赤ちゃんはオーダーすると来てくれる!?

最新科学が解き明かす命の神秘、
右脳時代の子育てについて、
約2時間の特別講演!

スペシャルシークレット動画
「赤ちゃんとの約束」 動画ファイル

今回の動画ファイルは、本書をご購入いただいた方限定の特典です!

※動画ファイルは、お客様ご自身でお申し込みの上、ホームページ上で公開するものであり、CD・DVDなどをお送りするものではありません。

いますぐアクセス↓

http://www.forestpub.co.jp/ikegawa/

【アクセス方法】 フォレスト出版 検索

★ヤフー、グーグルなどの検索エンジンで「フォレスト出版」と検索
★フォレスト出版のホームページを開き、URLの後ろに「ikegawa」と半角で入力